Couverture inférieure manquante

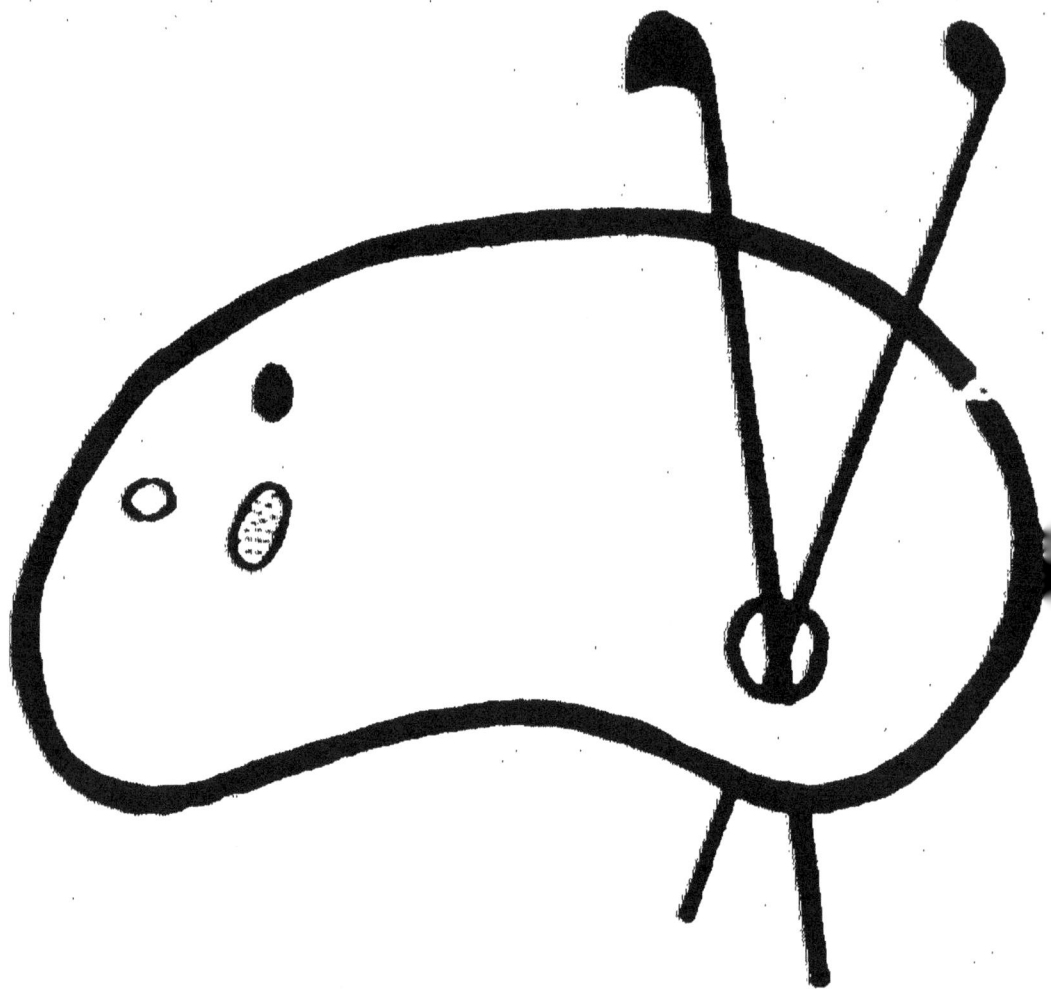

DÉBUT D'UNE SÉRIE DE DOCUMENTS
EN COULEUR

CARTULAIRES DU CHAPITRE

DE L'ÉGLISE MÉTROPOLITAINE

PUBLIÉS POUR LA SOCIÉTÉ HISTORIQUE DE GASCOGNE

PAR

PARIS

ÉDITEUR

9, quai Voltaire, 9

AUCH

IMPRIMEUR

11, rue de Lorraine, 11

M DCCC XCIX

ARCHIVES HISTORIQUES

DEUXIÈME SÉRIE — FASCICULE IV

CARTULAIRES DU CHAPITRE

DE

L'ÉGLISE MÉTROPOLITAINE SAINTE-MARIE D'AUCH

PAR C. LACAVE LA PLAGNE BARRIS

CARTULAIRES DU CHAPITRE

DE L'ÉGLISE MÉTROPOLITAINE

SAINTE-MARIE D'AUCH

PUBLIÉS POUR LA SOCIÉTÉ HISTORIQUE DE GASCOGNE

PAR

C. LACAVE LA PLAGNE BARRIS

PARIS	AUCH
HONORÉ CHAMPION	LÉONCE COCHARAUX
ÉDITEUR	IMPRIMEUR
9, quai Voltaire, 9	11, rue de Lorraine, 11

M DCCC XCIX

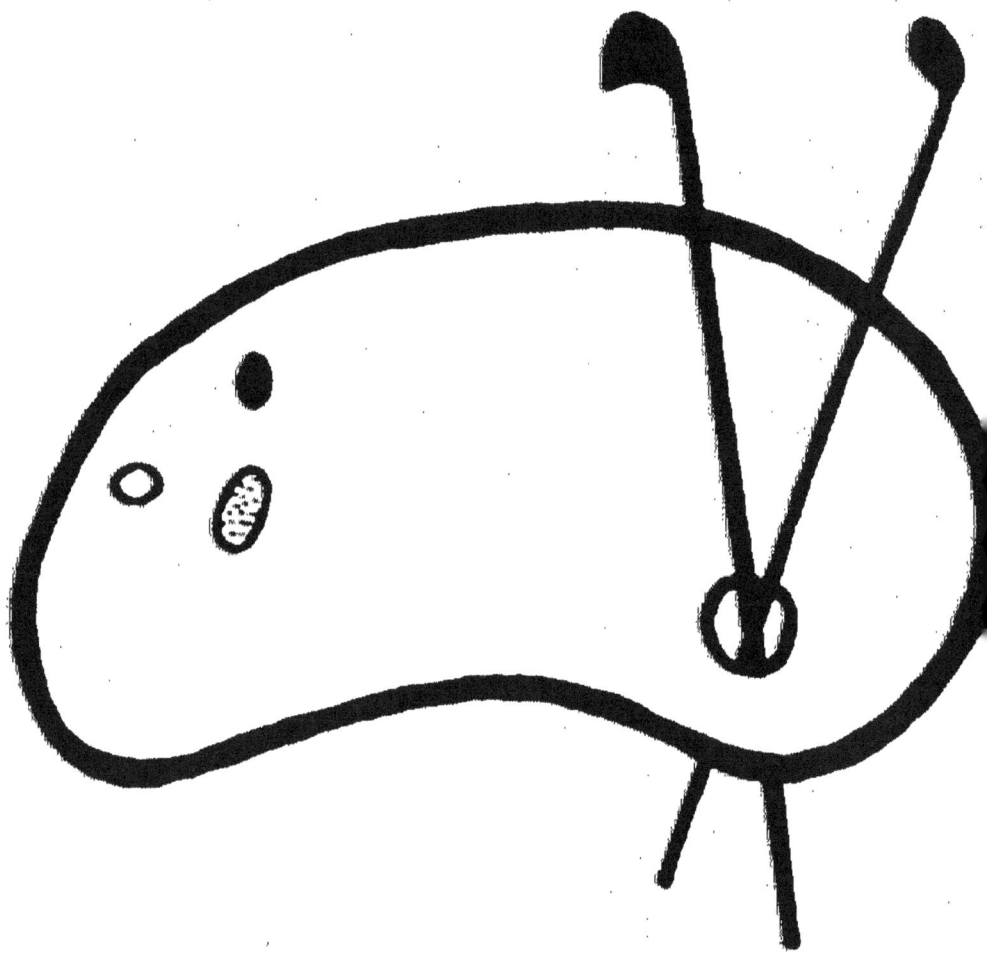

FIN D'UNE SERIE DE DOCUMENTS
EN COULEUR

CARTULAIRE BLANC

I.

1088. — DE SANCTO CHRISTOFORO.

(F° 1 r°.) *Cette charte est la reproduction de la charte XXXIII du Cartulaire noir.*

II.

1275. — SANCTI PETRI DE RUFIACO.

Odon d'Ascous, chevalier, et Géraud de Bonet, archidiacre d'Éauze, agissant au nom du chapitre de Sainte-Marie d'Auch, conviennent que conformément à la sentence arbitrale rendue par Guillaume Eishie, recteur de Rufiac, ledit chevalier d'Ascous fera abandon au chapitre d'Auch de l'entière possession de la dîme dont il jouit dans l'église Saint-Pierre de Rufiac, archidiaconé de Sempuy.

(F° 1 v°.) Notum sit, quod dominus Oddo Dascos[1] miles et magister Geraldus de Boneto, archidiachonus Elizone in ecclesia Auxitana, nomine capituli Auxitani, recognoverunt se compromisisse sub pena cc^orum solidorum morlanorum, ut ibi dictum fuit coram me notario et testibus infra scriptis, de decima et super decima quam dictus miles percipiebat et dudum perciperat in parrochia Sancti Petri de Rufiaco, archidiachonatus Sui Podii, et idem compromissum coram me et dictis testibus innovarunt, se compromittentes in Guillelmum Eishia rectorem ecclesie de Rufiaco, predicte, qui rector sedens pro tribunali attendensque

[1] *Dascos* pour d'Axos, Ascous, ancienne paroisse près Valence qui, au xive siècle, fit partie des seigneuries de la maison de Jaulin-Gajan.

arbitria ad instar inditerorum [1] redacta sunt, auditis et intellectis peticionibus et rogacionibus et his omnibus qui intingebant
negocium, hinc et inde deliberatione . . . . [2] diligenti de pru-
dentium virorum consilio hodierna die sibi in partibus s   r
hoc assignatis, partibus presentibus, dictum sive sententiam
super hoc postulantibus, in nomine Domini dictum atque sententiam super premissis protulit in hunc modum, scilicet, quod dictus
miles reddat, quitet et absolvat dicto capitulo Auxitano et prefato
magistro, nomine ipsius capituli, totam illam decimam seu partem
decime quam idem miles habebat seu habere debebat vel unquam
habuerat in honore, territorio seu parrochia ecclesie Sancti Petri
de Arntiaco supradicte seu in pertinentiis eorumdem vel unquam
aliquis de genere suo, cui ipse successerit, unquam habuerit vel
habere debuerit seu percipere consueverit in parrochia (f° 2 r°)
supradicta, et quod inde teneatur dictus miles eidem capitulo sub
obligatione bonorum suorum et heredes ejusdem firmam portare
perpetuo garentiam, et quod, juramento prestito corporali, resi-
gnet eidem capitulo et absolvat eandem pro se et suis presentibus
et posteris universis, et quod dictus magister solvat pro dicto
capitulo eidem militi L. solidos morlanorum. Item reliquit dictus
arbiter consciencie ejusdem militis restitutionem et emendam
super his que de dicta decima percepit hactenus tam ipse quam
predecessores ejusdem, si eum forsitam consciencia remorderet.
Quod dictum seu arbitrium fuit ibidem a partibus approbatum,
acceptatum ac etiam emologatum, et dictus miles ibidem dictam
decimam eidem capitulo, ut dictum est, vendidit, dedit, quitavit et
grapivit [3] pro se et suis eidem capitulo, et, tactis sacrosanctis
evangeliis, se signavit et se inde exuens dictum magistrum
nomine dicti capituli de dicta decima investivit; asserens se non
fecisse vel dixisse venditionem, donationem vel contractum alium
seu aliquid quominus dicta decima de facto vel de jure eidem
capitulo debeat remanere, et se dictum est de portanda garentia
et sua eidem capitulo obligavit; renuncians omni juri legum et
canonum, tacito et expresso, generali et speciali, et omni alii

[1] Pour *indictorum*.
[2] Un mot illisible.
[3] *Grapivit* pour *quarpivit*.

auxilio per quod posset venire, per se vel per alium, contra omnia
et singula supradicta vel aliquid de premissis; et dictus vero
magister solvit in numerata pecunia nomine dicti capituli dicto
militi I. solidos supradictos in presentia mei notarii et testium
infra nominandorum, quos dictus miles recepit et quitavit capitulum supradictum, renuncians inde exceptioni non solute et non
numerate pecunie. Factum fuit hoc XIII die exitus aprilis. Testes,
W. de Latapia, archipresbyter Pardelhiani, R. W. de Sancta
Gemma miles, U. de Verboquet, A. O. de Labarta clericus, et ego
Jacobus de Portali, communis notarius Condomiensis, qui hanc
cartam scripsi, anno domini Mᵒ CCᵒ LXXVᵒ, regnante domino
Philippo rege Francorum, Angerio abbate Condomiensi.

III.

1256. — D'EN F. DE SENCIMON.

Fontaner de Saint-Simon vend une rente établie sur un terrain, situé au faubourg
de Chélère (Auch), paroisse de Sainte-Marie.

Conogude cause sia aus presens et aus abenedors, que io en
Fontaner de Senzimon di une plaze (fᵒ 2 vᵒ) a feus au Ramon
de Laroi, la dite plaze es en la parochie de ma Daune Sancte
Marie en bari de Felere; entense la dite plaze dab las plazas den
Garsie den Fontarau e den Bernard de Saravere; de la dite plaze
me faze cascun an lo dit Ramon de Laroy II sols de morlaas de
feus a la feste de Martor. E io Fontaner dit de Senzimon, per mi e
per toz mos cretz, demi[1] los dits II sols de morlaas den dit feus
quel dit Ramon de Laroy me faze cascun an per la dite plaze,
au Garsie den Fontarau e a sos cretz e a tot son ordei. El dit
Garsie a meu dazs e bonemenzs pagads XXX sols de morlaas que
io e aguds e rezebuds del dit Garsie, per une mezal morlane
de servici quel dit Garsie men fara cascun an a la feste de Mar-
teror. Los diz II sols del dit servici de la dite plaze quel dit
Ramon de Laroy me faze meti io en possesion al dit Garsie e men

---

[1] Pour *doni*.

devesti, en vesti per toz temps lo dit Garsie, per us autreiar per
toz temps al dit Aroy, per sos eretz, e a tot son ordei. Car sols e
benuds aldit Garsie eus i e metuds en possesion per toz temps
cum de sobre es dit. E io Fortaner dit de Senzimon e combent al
dit Garsie que toz temps lo devi fer bons los duz ii sols del dit
servici de toz aqueds qui dreit me volen prene. En testimoni
datzo e que aie tengude e valor per toz temps al dit Garsie e a
sos eretz fi une carte dabe ab lo comunal saged d'Aux sagerade.
Testimonis son datzo Dominie Porquet, Guiraud de Picote,
cosellis d'Auxs, Colomb de Lafaurgue, Bonami de Soldan, Duran
Joglar, Begore, Guillem Titiu, Ramundus Sancii Molier publicus
notarius Auxitanus qui hanc cartam scripsit. Hoc fuit factum in
festo sancti Ylarii, anno domini Mº CCº Lº sexto, regnante
Loddoico rege Francorum, Domino Ispano existente Archiepiscopo
(fº 3 rº) Auxitano, Geraldo comite Fedenziaci ac Armaniaci.

IIII.

1260. — DE COTENX.

Pierre de Coutens fait donation au chapitre d'Auch de ce qui lui appartient
dans la dime de Coutens.

Notum sit cunctis, quod Petrus de Cotenx, mera et spontanea
voluntate, non coactus nec seductus, resignavit partem decime de
Cotencs quam dixit esse suam et quam percipiebat, quitans
eandem et dans eam et totum jus quod in ea habebat seu habere
debebat, in perpetuum pro redemptione anime sue et parentum
ipsius in remissionem peccatorum ejus, Deo et beate Marie ac
capitulo Auxitano, et se devestiens dictum capitulum investivit et
posuit in possessionem ejusdem decime cum presenti publico
instrumento. Jurans sacrosanctis evangeliis manutactis, quod
numquam de cetero dictam decimam petet nec partem ejus nec
percipiet nec percipi faciet nec committet dolum neque fraudem,
nec commisit per quam dictam quitationem seu donationem possit
in posterum retractari, nec eandem alicui ante istam presentem
donationem alii impignoravit, vendidit sive dedit quominus dic-

tum capitulum possit eandem de cetero pacifice possidere et juravit, quod nunquam dictum capitulum vexabit nec vexari faciet super parte quam dixit esse suam decime prelibate, renuncians omni juri quod habebat seu habere debebat in ipsa specialiter et expresse. Item renunciavit macedonio[1] et omni juri scripto et non scripto et consuetudini cuicumque. Testes sunt magister Sancius archidiachonus Pardiniacensis, M. capellanus ecclesie de Monte Acuto in Pardiniaco, Arnaldus de Podio Rivorum, clericus, magister Rogerius, phisicus, Remundus Ffaber, Arnautori de Julhaci et ego Johannes de Daltona, publicus notarius Auxitanus, qui hoc instrumentum scripsi et signo meo signavi. Actum Auxis xi kalendas decembris, anno domini M° CC° LX°, regnante Lodoico, Francorum rege, Amanevo, archiepiscopo Auxitano, Geraldo, comite Fezenciaci et Armaniaci.

V.

1258. — DE COTENX.

B. de Saint-Pierre de Coutens engage aux chanoines de Sainte-Marie d'Auch la moitié de la dime de Coutens, pour cinquante sous morlas, avec faculté de rachat.

Conoguda causa sia a toz qui aquesta carta bezeran, que io B. de Semper de Cotenx empene la meitat de la dezma de mosenor (f° 3 v°) Seppe de Cotenx mens lo setgen[2], aus senors canonges de madauna Sancta Maria d'Aus per L sols de morlas, obs de obit den F. Ponz, en tals convenz, que io B., sober dit, la posca sober de Martor a Pascha per mimeteis, saub lo prumer an, e per lun autre ome noos ac dei sober, saub per mimeteis. Aiso fo fait e dit en la claustra de madauna Sancta Marie d'Aus et los diners pagaz devant lo capito d'Aus : d'aisco son testimonis J. de Besuas, abbas de Sera Fraiseu, R. G. archidiaconus Pardiniacensis,

[1] Il s'agit ici d'une loi romaine portée par l'empereur Vespasien contre les usuriers et leurs exactions dans les poursuites exercées contre les jeunes gens leurs débiteurs. Le nom de *Macedo* vient d'un certain Macedo qui fut un des plus grands usuriers de Rome au temps dont nous parlons.

[2] Le septième.

A. G. archidiaconus d'Angles, Od dels Pax, capellanus Suipodii,
Benedictus, canonicus Nugarolensis, Petrus de Bordas, ospitalarius
Sancte Marie, Magister S., canonicus Auxitanus. Aisco fo fai e dit
al ters die de la Epiphania[1], anno Domini M° CC° LVIII°. La
dezma soberd dita, io B. la e tenguda paziblemenz de pois a
mosenor N'Amanen archebesque d'Aus, lam leisa en ma vida,
e apres ma vida que tornas a madona Sancta Maria d'Aus, e io la
dei far bona de mi et de toz los mes et de tot ome qui dreit me
bole prene. Aisi ague dit e jurat sober los sanz evangelis en Dei
dar la a Cotenx bonas fizanzas a l'arquiacne[2] que asi ac tenga
bonamens.

VI.

1268. — DE MONTO ACUTO DE PARDINIACO.

Bernard de Montagut, damoiseau, engage à maître Sanche, archidiacre de Pardiac,
agissant au nom du chapitre, le quart de la dîme de l'église de Montagut,
archidiaconé de Pardiac, moyennant vingt sous morlas, avec faculté de rachat.

Notum sit cunctis, quod Bernardus de Monte Acuto domicellus,
impignoravit magistro Sancio archidiachono Pardiniacense quartam partem decime ecclesie de Montaguded dicti archidiachonatus,
pro viginti solidis morlanorum, quos dictus Bernardus de Monte
Acuto recognovit se habuisse a predicto magistro Sancio in pecunia numerata, ita tamen quod dictus archidiaconus vel quicumque
alius qui predictam quartam decime teneret vel possideret ejus
nomine, tenetur reddere dicto Bernardo vel ejus ordinio aut
mandato dictam quartam partem decime quandocumque ipsi
voluerint eam luere cum pecunia supradicta. Promisit etiam
dictus Bernardus dicto (f° 4 r°) archidiacono dictam partem
decime bonam facere de omnibus amparatoribus et de eadem
portare eidem bonam et firmam guirentiam si ipsum ibidem aliqui
molestarent. Hujus autem rei testes sunt, dominus Arsivus de
Montesquivo sacrista Auxitanus, Guillelmus Arnaldi de Monte
Alto canonicus ejusdem loci, Guillelmus Vitalis de Birano,

---

[1] Troisième jour dans l'octave de l'Épiphanie.
[2] Archidiacre.

Bernardus de Sancto Martino, Benetus de Pesquerio cives Auxitani, et ego Johannes deu Bas publicus Auxis notarius qui cartam istam scripsi et eidem signum meum apposui. Factum fuit hoc Auxis die lune ante festum beati Gregorii, anno Domini M° CC° LX° VIII°, regnante Lodovico rege Francorum, Amanevo archiepiscopo Auxitano et Geraldo comite Fezenciaci et Armaniaci.

(*Généalogie Montesquion*, Pr., p. 228.)

VII.

1237-1238. — DE MONTE ASTRUC.

Dame G. de Biran, ses fils et ses filles, Arnaud-Guillaume, Bernard, Géralde, Esclarmonde et Marie de Montezun, font abandon à Sainte-Marie d'Auch de l'église de Montastruc, moyennant cent dix sous morlas. Il est spécifié que celui qui détiendra cette église devra payer annuellement cinq sous morlas, le jour de la fête de la Toussaint, au monastère de Bouillas.

Notum habeant universi presentes litteras inspecturi, q° ! domina G. de Birano et filii sui A. W. et Bernardus et filie domina Geralda et Esclamonda et Maria, absolverunt et dederunt ecclesiam de Monte Astrug, pro se et successoribus suis, Raimundo priori et ecclesie Auxicane, pro c et x solidos quos ipse prior et A. de Caturcio ejus avunculus persolverunt domine G. predicte, et pro v solidos quos debet reddere quicumque ecclesiam illam tenuerit, annuatim in festo Omnium Sanctorum, monasterio de Boulas; et juramento firmaverunt in manu predicti prioris quod ipsi et sui boni defensores et boni guirentes essent ipsis et suis si forte aliquando aliquis ipsos in dicta ecclesia infestaret. Testes hujus quitationis sunt, dominus G. archidiachonus Savanensis, A. de Casals tunc ejusdem capellanus, Johannes de Monte, Lo coms, Terrenus. Actum est hoc in vila de Monte Astrugo, anno Domini M° CC° XXX° VII°.

Item postea dominus Angerius de Monte Lugduno, vir domine supradicte, concessit et juramento firmavit in manu prioris supradicti donum et quitationem (f° 4 v°) quam fecerant uxor sua et filii sui sicut ipsi firmaverant bona fide, cui etiam dederunt xv solidos ipse prior et archidiachonus sepedictus. Testes

dominus G. archidiachonus memoratus, W. G. des Barads, Oddo
de Preissag, Bertrandus de Orzano frater ejus, B. den Nicholau,
Arsivus del Espialle et frater Blancus tunc ejusdem ecclesie capellanus et Vitalis Molinerus. Hoc fuit factum apud Montastrug
in ipsa ecclesia Sancti Caprasii, anno Domini M° CC° XXX° VIII°.

VIII.

1259. — DE LOBENX JUXTA BROLII EST.

Les chanoines de Sainte-Marie d'Auch et Pierre de Lavay, étant en contestation au
sujet de la dîme de l'église de Loubens, située près du Brouil, prennent un arbitre
qui, par sentence arbitrale, adjuge la dîme de Loubens aux chanoines d'Auch.

Conegude cause sie aus presenz e aus abinedors, que cum
contente fos entre eus canonihes de madauma Sancte Marie d'Auxs
d'une part, en P. deu Lavai dab los parenz d'autre, dab Arnau de
Famalenes e dab sa file na Marie, e dab Ramon de Famalenes dab
sos fils Odd en Ramon, e dab en Legue e dab Serors, dab na
Obrere e dab na Sazie, sobre la glizie e la demne de Lobencs
quels ditz canonihes monstraven per lors cartes que id la tien e
ere lor, el dit P. deu Lavai dab sos parenz dizen que prenen la
demne de lors arades[1] de zo que laboraven el territori de Lobencs.
Si que per la contente quin ere entre lor per ben e per padz, las
dites partides eisems ab un accord e ab une boluntad elizaron,
establiron per arbitre Ramon Sanz Molier public notari d'Auxs.
Id autreianz al dit arbitre que tot aitant quant ed no fara ne dira
per dit o per composition o per jurament, id ac tieran e ac
fermaron loz pee de L sols de morlas, e autreiaron que si ningue
de las partides eren dezsobedient, a la partide qui fos obedient fos
dade la pee dels ditz L sols de morlas sobredite. Et en apres cum
lodit arbitre agos lo poder rezebud de las dites partides de tote la
cause determear, auzi las demanes de las dites partides sobre la
dite demne de Lobencs, lo dit arbitre cergade la veritad, agud
coschl d'omes savis (f° 5 r°) e ab autrei de las dites partides, dis
per dit que la dite demne de Lobencs sie per toz temps deus ditz

---

[1] *Arades*, terres labourables.

canonihes d'Auxs, e dis per dit queu dit P. nuls temps d'aici evant, neus ditz sos parenz, no prengen demne de los arades deu teritori de Lobencs, e dis per dit queu dit P. deu Lavai eus ditz sos parenz, quiton e asolben per toz temps la dito demane de la dite demne de Lobencs. El dit P. deu Lavai, eus ditz sos parenz quitaron e asolboron la dite demane e prometoron que toz temps daici evant daran demne de los arades aus diz canonihes, e autreiaron que tieren lo dit, e ac juraron, entocaron corporaumenz los sanctz evangelis de Dieu ab los mas. Eus ditz canonihes en amor en gracie deron xxx sols de morlas au dit P. e aus ditz sos parenz. Testimonis son d'aizo, Arnaldus G. archiacme d'Angles, Maeste S. canonihes d'Auxs, frai B. prior del Brol, frai A. Arnfad, frai V. de Cotmezan, frai Aisin, frai Ramond Arnfad, frai Gnillem V. de Ferer, Madiran, R. de Tadien, G. Arnaud, ego Raimundus Sancius Molier, notarius Auxitanus, qui hanc cartam scripsi. Hoc fuit factum apud Brolium, dominica post festum Sancti Jacobi Apostoli, anno Domini M° CC° L° nono, domino Ispano existente archiepiscopo Auxitano, G. comite Fedenciaci ac Armaniaci.

VIIII.

1144. — DE BAGUERAS.

Gosselin de Ferraboue, avec le consentement de ses parents et de ses frères, fait donation à Sainte-Marie d'Auch et à l'archevêque Guillaume II des dimes de l'église de Bagueras.

Notum sit omnibus hominibus in quorum manibus hec donationis carta devenerit, quod ego Gaussolanus de Ferraboc, una cum consensu et voluntate propinquorum et fratrum meorum his nominibus vocitatis, scilicet Gaission de Ferreboc et Raimundi Garsiam de Ferreboc, dedi domino Jesu Christo et ejus gloriose et perpetue Virginis Marie ac matris ecclesie sedis Auscie nec non et domino Guillelmo metropolis ecclesie archiepiscopo, ejusdemque loci archidiachono Stephano et omnibus clericis ejusdem sedis domino servientibus, omnibus successoribus eorum, decimam ecclesie de Bagueras cum filio meo Gaucelino jure perpetuo possidendam, (f° 5 v°) pro anima mea et pro animabus parentum meorum et matris mee et omnium parentum meorum, tali quidem tenore, ut ab hodierno die et deinceps eandem ecclesiam de Bagueras totam et integram habeant, teneant sine ulla contrapellatione cujuscumque mortalium possidere. Facta donatio ista coram multis testibus, anno Dominice Incarnationis M° C° XL° IIII°, presidente in romana sede Urbano, papa, monarchiam regni francorum regente rege Philippo, in mense decembrio, vi° feria, luna xii°. Hujus rei testium vocabula subter habentur inserta: ego Bernardus Ricardus de Marambad, Berardus miles de Pergeda et Bernardus Ricardus filius predicti Bernardi Ricardi de Marambad, et Guarinerius nepos supradicti Bernardi, et Wilelmus Lupus de Camarada, et Hugone canonico Auxitano filius Wilelmi Lupi de Camarada, et Garsias Forto de Lupanario. Si quis vero ex heredibus nostris hanc donationem infringere voluerit, dapnatum se sciat cum Juda traditore et Achar filio Carmi anathemate perpetualiter dampnato.

X.

1260. — B. DE PANASSAC.

Les dames Bonasse de Cagot et Guiraude sa sœur vendent à B. de Panassac, cellerier de l'église Sainte-Marie d'Auch, différents fiefs qu'elles possèdent au territoire de la ville d'Auch.

Notum sit que a nos na Bonasias de Cagos e a na Guiraut ma sor, U. Danzesmel, en Gassiole nos fazen cascun an xii dines morlas de feus a la feste de Martor per las maisos on estan qui son pres lo riu den Teve e uno plaze qui no es amasoade, que avem dare las dites maisos, los duz ii sols deudit feus e la dite plaze dare quis ten dab las dites maisos, ffem nos pobleiar a costume d'Auxs [1],

---

[1] Les *contumes écrites* d'Auch datent de quarante ans après cette charte, en 1301. — On voit que ces contumes étaient plus anciennes. Les contumes locales, rédigées surtout aux XIII° et XIV° siècles, remontaient en réalité à une époque bien antérieure. Ces contumes d'Auch sont mentionnées en 1264, à la charte XXIII.

Le ruisseau du *Tere* et les maisons bâties sur ses bords constituaient le faubourg du *Tapis-Vert*, que le Cartulaire noir nous a déjà signalé à la fin du XI° siècle.

los duz ɪɪ sols la dite plaze pobleiad ab autrei de nostres amixs, scilicet Betrant Nogran, B. de Panasach, canonihe e cerarer de ma daune Sancte Marie d'Auxs, e ed a non dads e pagads xxxv sols de bos morlas, que nos auem aguds e rezebuds de lu e non tiem a pagades. Los duz ɪɪ sols e la dite plaze lavem nos liurad e ed ac rezebud, per toz temps (fᵒ 6 rᵒ) els diz feusaters lo son cascus tenguds cascun ann deren e de pagar xɪɪ diners a la feste dite de Martor, e si nuls li faze contrast nos lon portaram bone garentie. Testes ffrai P. de Bordes, U. Mazoer, Sequin de Togei, S. Maeste fil de na Azere. Ego Raimundus Sancii Molier publicus notarius Auxitanus qui hanc cartam scripsi, fferia ɪɪᵃ post octabas Pasche anno Domini Mᵒ CCᵒ LXᵒ, regnante Loddovico rege Francorum, domino Ispano existente archiepiscopo Auxitano, Geraldo comite Fedenziaci ac Armaniaci.

XI.

1261. — DE SANCTO FELICE E DE COSIAN E DE BAURENX.

Raymond de Sédillac engage aux chanoines de Sainte-Marie d'Auch la moitié de la dîme de l'église de Saint-Félix, la moitié de celle de Cosian et le quart de celle de Baurens.

Notum sit, quen Ramon de Sedelac rechonego per sa proprie bolentad quel capitol de Sente Marie d'Auxs a mi empenz la meitad de la demne de Sent Feliz e la meitad de la demne de Cosiam, eu quart de la demne de Baurenxs per ccl. sols de bos morlas. Et si per abenture lo dit Ramon bole solve las dites demnes, lo terme es de solve de la feste de Martor entre Pasche, mas lo dit capitol deu estre en lis estrement de las dites demnes cum devant eren. El dit Ramon autreia e promes, a bona fe, que tort ni forze, nols i fare per si ni per autru, auz si altre los ni faze los ne portare ferme garantie a dret. Aizo, tot cum desobre es contengud en la present carte, a jurad lo dit Ramon a tier, en a tocads los senz evangelis de Diu ab sas mas. Hujus rei testes sunt vocati et rogati, maeste Sanz, P. de Maslac canonici Auxitani, P. deu Coz, Guillem U. baille d'Auxs, Ffort deu Costau archipreste de Savanes, W. Debads. Ego Raimundus Sancii Molier, communis notarius Auxitanus, qui hanc cartam scripsi utriusque consensu, sabbato post festum sancti Jacobi, anno Domini M° CC° LX° primo.

XII.

1273. — DE ABSOLUTIONE W. A. DE GELAS, HABUIT SCRIPTOR IX SOLIDOS.

Guillaume Arnaud de Gelas, seigneur de Bonas, déclare et reconnaît que les dîmes des églises énumérées dans la charte appartiennent à l'Archevêque et au chapitre de Sainte-Marie.

Notum sit, quen Wilelmus A. de Jelas, senhor de Bonas, per sa franqua agradabla vollentad et de son propi esmavement, no costreit, ni forsad, ni enganad, ni descubud en aiso (f° 6 v°) per paor ni per forza ni per alguna descpsion, mas de son bon dret feis sertas azais amenads, recorenz a sa consiensa, pensans de la salud de sa anima, reconego et autreia que totas las demnas delmon de dret e degudament apertenon e apertenir devon a la glisia de nostre senhor Dieu Jesu Crist, per que lo mezis W. A. reconoissenz que ed no degudament, elssos estads davant lui, an gundas [1] no degudament las demnes, so es asab las demnes de la glisia de Sant Crabari de Cosenx e la de Sant Pau e la de la glisia de Barcanhera e augunas autras demnes, la cui demna de Barchanhera dis, lo mezis W. A., que avie empenhada al espitau d'Esquerenz per cc sols de morlas, per que lo mezis W. A. a donat entant quant ed podia e a sobt e gurpid pleneramant, sezs tot retenement, a Diu e a madona Santa Maria e al senhor arsebesque e capitol de la glisia d'Auxs, ab toz los dreiz, e ab totas las araissos, e ab totas las actios apertenenz e apertener debentz per arazon de las ditas demnes e de cascuna de lor; lo cal ditz W. A. se devesti, si e toz los sos, per si e per toz los sos, de las ditas demnas e de tos lors apertenemens, envisti en mes en plenera possasion lo senhor arsebesque el capitol avandit, e mi des us en

---

[1] *An agudas.*

mintanedor nota en persona de lor por aver e tenir e posedir las preditas demnas mentangudas e en mentanedoras quals que sian o ester dejan e poscan ester en qualque maneira, aissi cum miels lo dit W. A. ne sos ansesors ni hom per lu o per lor las agon o las tengon o las possezin en qualsque lox o loc en tota la provensia d'Auxs; mandans e prometens, lo meziss W. A., e jurans de sas mass tocads los sants evangelis de Dieu, de son bon grad que contra las preditas causas no vendra ni venir no fara en tot ni en partida ni consentira que autre venga en contra ab sa volhental antz ne defendra a son leial poder en bona maneira, defendens (f° 7 r°) e mandantz a tos sos filhs e a sas filhas e a las autres personas que a lui pogesen enxsesir o heretar que encontra las preditas causas no vengan ni fasen venir en tot ni en partida, e cals que o fes o a fases far que encoreges la ira de Dieu o la del dit W. A. e que fos sosmes a la sua maladision paternal, la qual ed mesiss jeta e dona sobre aquels o aqued o aqueras o aquera qui encontra de so vendren ni faren venir, e que ab Datan et Adbiron, los cals terra vius absorbi, presesen mort perpetuau en enferi; e reconego e autreia e confessa en vertad lavandit W. A. que las sobre ditas mentangudas demnes avie ed tenie o hom per lu lo die que aquesta carta fo enquerida en patz e ses tot contrast. Hoc fuit factum Bonasii, x° die in exitu mensis Marcii. Testes hujus rei sunt dominus Bertrandus de Brunhenxs senescallus Fezenciaci et Armaniaci, Bertrandus d'Orano, Hodo de Insulha milites, Bernardus de Calhaveto prior Biventi, Bernardus Delcosoho presbiteri, Bernardus de Bilanova, Bertrandus de Leuviaco, Bernardus Lebre, Guillelmus de Abadia et plures alii, et ego Guillelmus de Priiano publicus Auxitanus notarius qui hanc cartam scripsi et in publicam formam redegi et signo meo consueto signavi, anno Domini M° CC° LXX° III°, dominante domino Amanevo archiepiscopo Auxitano et Geraldo comite Fezenciaci et Armaniaci.

XIII.

1259. — B. DE PANASSAC SUNT.

Pierre de Biran et sa femme Marie de Lafargue vendent à Bernard de Panassac,
chanoine de Sainte-Marie, agissant au nom du chapitre, diverses propriétés sises
au territoire d'Auch, moyennant vingt sous morlas.

Notum sit, que a nos, a mi Na Marie de Lafargue e An P. de
Biran mon marid, Guillem de Lespitau En Armaud de Lespitau
nos fazen cascun an a Martor iii diners de servic per la maison
quis ten ab la tor den Jaco, en Peir Dambuds iiii diners de bige de
Parzas cascun an a la dite feste, en Guillem de Lacmont iiii diners
cascun an a la dite feste per la bighe de Parzas, Arnaud Daraclis
viii diners per la bighe de Parzas cascun an a la dite feste. Los
ditz diners den dit servici ab autrei e ab bolentad de nostres
(f° 7 v°) parentz benom nos an Bernard de Panasac canonihes de
madauma Sancte Marie d'Auxs e a son ordench, el dit B. a non
duds e pagads xx sols de morlas. Los diners den dit servici eus
ditz fensaters lavem nos liurads per toz temps e ed los a rezebuds,
e si nul hom ne nule femme bie en contre nos lon portaram
ferme garentie.

E a mi Fortaner de Sent Zimon Jacmes de Lacoste me
faze cascun ann vi diners de servici de la bighe de Parzas, e
benuls al dit B. de Panasac qui men a duds vi sols de morlas.
Testimonis son d'aizo, Guiraud de Lafaurge, Guillem de Lafaurge,
Ramon de Lafaurge, ffrai P. de Bordes. Ego Raimundus Sancii
Molier publicus notarius Auxitanus qui hanc cartam scripsi,
dominica in Ramis palmarum, anno Domini M° CC° L° VIIII°.

XIIII.

1276. — ODONIS DE PRESHACO.

Odon de Préchac, chevalier, engage au chapitre de Sainte-Marie d'Auch, moyennant
quatre cents sous morlas, la huitième partie des dîmes des églises de Saint-Pierre
de Fremeac et de Sainte-Marie du Pouy.

Notum sit cunctis, quod dominus Odo de Preshaco, miles, mera
et spontanea voluntate inpignoravit capitulo beate Marie Auxitane

octavam partem decime Sancti Petri de Ffremenco, dyocesis Lectorensis, excepta decima vini quod vinum retinuit sibi in dicta decima, et octavam partem decime Sancte Marie de Podio dicte dyocesis prope Malum vicinum, quas octavas partes dictarum decimarum dixit et recognovit se illuc habere pro quadringentis solidis morlanorum, quos recognovit se recepisse a dicto capitulo in pecunia numerata, de quibus tenuit se pacatum. Et dedit dictus miles pro se et suis omnes fructus dictarum octavarum partium predictarum decimarum percipiendos, tempore pignoris, predicto capitulo terrarum cultarum et incultarum et vinearum quacumque sint, excepta decima vini de Ffremenco, quamdiu dictum capitulum eas tenuerit in pignore, qui fructus non debentur in sorte aliquatenus computari, et idem miles devestivit se de dictis decimis et capitulum investivit et in possessionem posuit earumdem, et juravit ad sancta Dei evangelia prelibatus dominus Odo, quod nullum dolum seu fraudem committet per se vel per alium super dicto pignore, (f° 8 r°) sed bonam et firmam garentiam portabit capitulo antedicto, tali conditione apposita, quod idem miles quandocumque sibi placuerit, quolibet anno, a festo Omnium Sanctorum usque ad Pascha, possit cum dictis quadringentis solidis morlanorum luere dictum pignus ad retinendum illud sibi vel ad vendendum et non ad impignorandum alii; si vero aliquis de suis, durante tempore pignoris, vel ipsemet aliquid de fructibus dictarum decimarum perceperit, idem dominus Odo tenetur statim post requisitionem capituli totum restituere et etiam capitulo emendare, renuncians exceptioni non numerate pecunie, doli mali pacti conventi et juri et consuetudini cuicumque. Testes sunt Sancius de Manusilva, Petrus de Selassano presbiteri, Arnaldus de Baso, Guillelmus Bernardus de Legmont, Micahel de Daltona, Arnaldus Guillelmi Doson clerici, Vitalis de Goudens domicellus, Johannes de Presbaco civis Auxitanus, et ego Johannes de Daltona publicus notarius Auxitanus qui hanc cartam scripsi et signo meo signavi. Datum et actum apud Auxim iii nonas augusti, anno Domini M° CC° LXX° sexto, dominante domino Amanevo archiepiscopo Auxitano, Geraldo comite Armaniaci et Fezenciaci.

XV.

1270. — DE LOBERSAN.

Gaston de Panassac engage au chapitre de Sainte-Marie d'Auch, pour deux cent quarante sous morlas, la moitié de la dime et des fraits de l'église Sainte-Marie de Lobersan.

Quum tempus preterit et tempus advenit que inter mortales aguntur oblivionis sepe caligine obscurantur, idcirco que oblivisci timentur scripture merito testimonio perennantur; noscant igitur presentes pariter et futuri, quod cum dominus Gasto de Panasaco, miles, pignori obligavit capitulo ecclesie beate Marie Auxitane per cc et xl. solidos morlanorum, medietatem tocius decime et fructuum presentium ac futurorum ejusdem decime scilicet ecclesie beate Marie de Lobersano cum omnibus juribus et pertinentiis suis, et de dicta medietate decime idem miles eidem capitulo Auxitano de se et de suis et de quibuscumque personis bonam firmam et validam guerentiam sub obligatione de medietatis decime et omnium bonorum (f° 8 v°) suorum facere et portare promiserit, et posuerit ipsum capitulum in possessionem veram medietatis decime corporalem et se ad omnia predicta obligaverit per stipulationem per sacramentum prestitum, hoc promittentes et quod domina Comdessa uxor ejus et Galaubias filius eorundem, predicta concederet ratum habentes perpetuo et jurarent. Dicta Comdessa et dictus Galaubias ejus filius attendentes, scientes ac cognoscentes universa predicta et singula esse vera, dictam pignoris obligationem ratam, firmam et valituram, sponte ac grato animo, approbarunt et ad sancta Dei evangelia juraverunt se et sua deportanda garentia cum dicto milite nichilominus obligantes et universa predicta et singula, prout melius possunt intelligi, pro predicto Capitulo approbantes et de non contraveniendo firmiter promittentes. Actum fuit hoc v kalendas augusti apud Podiumlobrinum, anno Domini M° CC° LXX°, regnante Lodovico Francorum rege et domino B. Astarinci comite et domino Amanevo Auxitano archiepiscopo. Hujus rei sunt testes W. de Laserra capellanus de Besuas, et P. de Piris capellanus Lobersani, et P. de Assano miles, et A. Dedors, et P. Fabricius, et P. de

Benaco, et ego Brunus scriptor, publicus notarius Astariaci, qui hoc vidi et audivi et de mandato, assensu et voluntate et utrarumque partium hanc cartam scripsi et signavi, in testimonium premissorum.

XVI.

1270. — DE LOBERSAN.

Condesse, femme de Gaston de Panassac, et Galaubias, leur fils, approuvent l'engagement des dimes de l'église de Loubersan fait par Gaston entre les mains de Martin, chapelain de Sainte-Marie.

Notum sit, quod domina Na Condessa, uxor domini Gastonis de Panasaco et Galaubias filius eorum, non coacti nec decepti aliqua parte ab aliquo sed sua propria voluntate inducti pro se et pro omnibus suis, concesserunt totum illud pignus decimarum ecclesie Lobersani quod predictus Gasto fecerat domino Martino capellano Auxitano, sicut in carta continetur quam predictus dominus capellanus habet factam per manum publicam. Renunciantes lege Velliane et omnibus aliis auxiliis competentibus vel competituris, totum hoc juraverunt tenere et observare super sancta evangelia tacta propriis suis manibus (fo 9 r) predicta domina Na Condessa et prefatus Galaubias, filius ejus. Actum est hoc v kalendas augusti in aula Podiilobrini, anno Domini Mo CCo LXXo. Testes sunt, W. de Serra capellanus de Besues et P. de Piris capellanus Lobersani et P. de Assano miles, et A. Dedors et P. Sabaterius et P. de Benaco, et B. de Burgano, et ego Brunus et cetera.

XVII.

1258. — [DE PLEU ET DE SANCTO AMANDO.]

Dame Seguine, épouse de Guillaume-Raymond de Pins, dit le Gras, et Guillaume-Raymond, son fils, vendent et abandonnent à Guillaume de Filartigne, recteur de l'église de Cieutat (Éauze), actuellement archiprêtre d'Éauze, toutes les dimes des églises de Saint-Michel de Pleu et Saint-Amand, moyennant le prix de 300 sous morlas.

In Dei nomine, anno Incarnationis ejusdem Mo CCo Lo octavo, decima die exitus mensis augusti. Noverint universi presentes pariter et futuri hoc presens publicum instrumentum inspecturi, quod nobilis Domina Seguina juxta[1] quondam nobilis viri domini Guillelmus Raimundi de Pinibus, dicti lo gras, et Guillelmus Raimundi filius predictorum, gratis et spontanea voluntate vendiderunt, donaverunt, quitaverunt, grupiverunt et resignaverunt pro se et omnibus successoribus suis, sive heredibus, Guillelmo de Filartiga, rector ecclesie de Cantat prope Elisonam, tunc archipresbytero de Elzano, ac suo ordinio, in perpetuum sive eternum ad faciendum inde quicquid ei visum fuerit expedire, omnes decimas ecclesiarum Sancti Michael de Pleu et Sancti Amandi prope Elisonam, quas ipsi habebant vel habere debebant et ad ipsos spectabant vel spectare debebant, in dictis ecclesiis et parochiis et quicquid juris ipsi dicebant vel intendebant se habere in dictis decimis vel aliqua parte earum ratione proprietatis, successionis, donationis seu emptionis aut alio modo quocumque, videlicet pro ccc solidos morlanorum quos dicta Domina et dictus Guillelmus Raimundi, filius suus, recognoverunt et concesserunt se habuisse et recepisse a dicto rectore in bona pecunia numerata; de qua se habentes bene contentos plenius et pacatos, renunciaverunt inde omni exceptioni non numerate et non solute pecunie. Item, dicta domina et dictus filius suus promiserunt et concesserunt dicto rectori, quod de cetero nunquam facient nec impedient per se nec per alium, quominus dictus rector vel ejus ordinium predictas decimas habeat, possideat et percipiat pacifice et quiete. Asseruerunt vero domina Seguina et Guillelmus Raimundi (f° 9 v°) superius memorati, quod nunquam fecerunt nec dixerunt aliquid, nec facient nec dicent in posterum quare venditio, donatio, quitatio ac resignatio predicte non valeant. Super quibus dictis decimis sepe dicta domina et Guillelmus Raimundi, filius suus, antedictos, promiserunt et concesserunt et obligaverunt se et successores suos facere et portare dicto archipresbitero ac suo ordinio bonam et firmam guirentiam de omnibus tornariis suis et successoribus eorumdem; pro quibus omnibus supradictis et singulis habendis et complendis bonis ac firmis, domina Seguina et Guillelmus Raymundi superius nominati renunciaverunt omni auxilio

[1] *Uxor.*

et beneficio juris canonici et civilis, scripti et non scripti, et
omnibus aliis exceptionibus que eis vel suis super hoc possent
prodesse, et eidem rectori ac suo ordinio obesse. Hoc habito, sit
notum quod supradictus archipresbiter obligavit se ad faciendum
anniversarium, singulis annis, pro remissione peccaminum supradicte domine et dicti filii sui ac amicorum suorum. Actum fuit hoc
et concessum apud castrum Montis Crapelli, anno et die
supradictis, in presentia et testimonio fratris Vitalis de Montanaco,
tunc gardiani fratrum minorum de Condomio [1], fratris Guillelmi
Arnaldi de Brocariis, Galabruni de Ligardis militis, magistri
Vitalis de la Fauria et magistri Arnaldi de Castro Securo communis notarii Condomii qui hanc cartam scripsi utriusque
consensu, regnante Alfonso Tholosano comite [2], Augerio Condomiensi abbate [3].

XVIII.

1272. — [DE SERRANOVA.]

Sommation faite par Richard de Malartic et son fils Arnaud, chevalier, à Pierre de
Malartic, son autre fils, en présence de Pons de Biran, notaire de Vic, d'aban-
donner et de céder à l'église Sainte-Marie d'Auch les dîmes de l'église de
Serreneuve.

Noverint universi, quod domina Arricarda de Malartico et
Arnaldus de Malartico miles, filius suus, monuerunt, mandaverunt
et prohibuerunt Petro de Malartico filio dicte domine Arricarde et
fratri predicti militis in presentia mei Poncii de Birano, communis
notarii Vicensis, et testium infra scriptorum, quod dimitteret et
quitaret decimam ecclesie de Seranova matrici ecclesie Auxitane.
Actum fuit hoc VI die introitus septembris, in presentia magistri
Guillelmi de Sancto Jacobo archipresbiteri Vicensis et B. Dam-
pelh et B. de Lonquil canonicorum Sancti Petri de Vico et
Arnaldi de Genhado clavigeri domus (f° 10 r°) Sancti Petri de

---

[1] Cette charte de 1258 est la plus ancienne mention constatant l'existence du
couvent des Cordeliers de Condom.

[2] Le lieu où cet acte a été passé. *Monterabeau* (Lot-et-Garonne), faisait partie
de l'Agenais, domaine du comte de Poitiers et de Toulouse.

[3] Auger d'Andiran, abbé de Saint-Pierre de Condom (1250-1288).

Vico et mei supradicti notarii, qui ad requisitionem predicte domine Arricarde et dicti militis hanc cartam scripsi et in publicam formam redegi, anno Domini M° CC° LXX° II, dominante Amenevo archiepiscopo Auxitano, Geraldo comite Fezenciaci et Armaniaci.

XVIIII.

1262. — DE BAQUARISSA.

Carbonnel de Peyrusse engage au chapitre de Sainte-Marie d'Auch la dime de l'église de Baccarisse pour la somme de quatre-vingt-quatre sous morlas, avec faculté de rachat.

Notum sit, quen Carboneu de Peiruce empeia en titol de profeit per si e peus sos la demne de la glisie de Bacarisce aut capitol de ma daune Sancte Marie d'Auxs per LXXX IIII sols de bos morlas, quei dit Carboneu reconego, quel dit capitol los i ave pagads en bos diners contads, si que ben a pagads sen tengo de lor. Eus na mandad e autreiad portar ferme garentie de toz homes e de totas femnes a dret; de la dite demne se débestids e na bestid lo dit Capitol e mes en pleer poder. Lo dit Carboneu empeia la dite demne au dit Capitol tot aitant quant ed iave per arazon de pair ni de mair ni de nul autre son linadie pels ditz LXXX IIII sols cum de sobre es dit. De Nadal en Nadal pod crobar lo dit Carboneu la dite demne dab los ditz diners; el dit Carboneu a autreiad 1 aura e tiera lo dit pens ferm e estable per si e peus sos en notra en tot ne au partide. Hujus rei sunt testes vocati et rogati, Martini Caperan de Sante Marie d'Auxs, P. deu Coz, Johanim Escriuan, Montasiu de Calaved, P. de Baulad. Ego Raimundus Sancii Molier communis notarius Auxitanus qui hanc cartam scripsi utriusque consensu, fferia IIII ante festum sancti Laurentii, anno Domini M° CC° LX° secundo.

XX.

1267. — FORCIUS DEU COSTAU V SOLIDI.

Guillaume-Arnaud de Biran avait donné en dot à sa fille Longue, femme du seigneur Raymond-Aymeric III de Montesquiou, la dîme de l'église de Saint-Jean de Bretos et la moitié de l'église de Saint-Pierre de Préchac. Les susdits G.-A. de Biran, sa fille Longue, Raymond-Aymeric de Montesquiou et Odon de Montaut, fils de G.-A. de Biran et frère de Longue, vendent les susdites dîmes à Fort du Costau, chanoine d'Auch, agissant comme mandataire du chapitre de Sainte-Marie.

Notum sit, quod dominus Guillelmus Arnaldus de Birano senior, recognovit quod dederat in dotem et pro dote domine Longue, filie sue, uxori domini Raymundi Aymerici de Montesquiu, decimam ecclesie Sancti Johannis de Britos et medietatem ecclesie Sancti Petri de (f° 10 v°) Preychag, et quicquid juris habebat vel habere poterat in decimis supradictis, qua recognitione sic facta, dominus Raymundus Aymerici et domina Longua predicti dictas decimas et quicquid ratione decimarii habent, tenent seu possident queque modo vel alius seu alii nomine eorumdem in territoriis predictarum ecclesiarum, archidiaconatus Savanensis, vendiderunt domino Forcio deu Costau canonico Auxitano et, in personam ejus, Deo et ecclesie reddiderunt et quitaverunt per in perpetuum ipsas decimas pro se et suis heredibus, abjurantes sacrosanctis evangeliis super hoc manu tactis per ipsos venditores et dominum Guillelmum Arnaldi de Birano predictum et dominum Odonem de Monte Alto, filium ejus, et fratrem domine Longue predicte, pro quingentis quinquaginta solidis morlanorum quos dictus dominus Forcius solvit ipsis venditoribus seu redditoribus supradictis, pro dictis decimis, ut eas posset convertere in usum ecclesie et de manu eripere laycali; quam totam pecuniam ipsi venditores seu redditores recognoverunt sibi solutam fore et etiam numeratam; de quibus, inquam, decimis, juribus et pertinenciis earumdem dominus Raymundus Aymerici et domina Longua predicti se devestierunt et prefatum dominum Forcium, nomine suo, Dei et ecclesie investierunt et in possessionem juris induxerunt, promittentes idem per firmam et sollempnem stipulationem se portare de venditione, quitatione seu redditione dictarum

decimarum bonam et validam guarentiam pro se et suis heredibus
de omni homine jus in dictis decimis vindicante et amperitoribus
quibuscumque prout de jure fuerit et ad usus foros et consuetudines de Fezenciaco licitos et super hoc approbatos ; et in contrarium per se seu personam interpositam non venire ; renunciantes
insuper exceptionibus doli, mali pacti, conventi, non numerate
pecunie, velleyano restitutionis in integrum et omni alii auxilio et
beneficio juris et consuetudinis cujuscumque per que vel quorum
alterum dicte vendicio, quitacio seu reddicio posset in toto vel
in parte quomodolibet posterum infirmari, vel etiam provenire
impedimentum temporale vel perpetuum in predictis. Testes
hujus rei sunt magister Sancius archidiaconus Pardiniacensis,
Guillelmus de Sedelaco miles, Hugo de Lafite, Guillelmus Be-
nardus de Monte Lauro, Guillelmus Sancii frater ejus, Bernardus
Tore, Vitalis Tore, Dominicus de Tornefol, Vitalis de Lagraulaas
clericus : et ego Seguinus de Thogeto publicus Auxitanus notarius
qui omnibus predictis interfui et ea, de mandato et assensu
communi dictarum partium, in publicam formam redegi et huic
instrumento signum meum apposui. Datum et actum apud
Montem Altum in Corrensaguesio, in die beati Jacobi apostoli,
anno Domini Mº CCº IXº septimo, regnante L., rege Francorum,
Amanevo archiepiscopo Auxitano, Geraldo comite Fezenciaci
et Armaniaci.

(*Généalogie Montesquiou*, Pr., p. 227.)

XXI.

1259. — DE ECCLESIA DE MONTE LUGDUNO.

Guillaume Bernard de Laguian engage au chapitre d'Auch une rente de deux sous
et demi, établie sur le quart de la dîme de l'église Saint-Martin de Monk . . .,
pour la somme de quarante-cinq sous morlas.

Conegude cause sia aus presenzs e aus abinedors, que a mi en
Guillem Bernard de Leguian me fe hom cascuu ann a la Sancte
Marie d'aost II sols e demei de morlas de servici per lo quart de la
demne de la glisie de Sent Martin de Montlezun ; los ditz II sols e
demei del dit servici e io empeiads per XLV sols de morlas aus

canonihes de ma daune Sancte Marie d'Auxs, los ditz xlv sols de morlas e io aguds e rezebuds dels ditz canonihes e men tench a pagads ; e io e combent als ditz canonihes que si per abenture io nols e arenuds los ditz xl. sols. v sols de la feste de Sent Martin prumere qui sera en uu an, los ditz ii sols e demei los aquitii ens asolvi per toz temps que sien dels ditz canonihes per bende, car iols i aquitii els i asolvi franquemenz per bende cum de sobre es dit per toz temps. Los ditz ii solz e demei e io liurads als ditz canonihes e id los au rezebuds en son en possession. Los ditz canonihes devon a mi rezebe los ditz xl e v sols dinz la ciutad d'Auxs qualque ore iols i bolos arene dinz lo terme de la dite feste de Sent Martin. Mas per combent devon prene lo dit servici dues Senctes Maries, e toz temps (f° 11 v°) que seron lors los ditz ii sols e demei del dit servici cum desobre es dit, si iol nols areni los ditz xlv sols au terme de la dite feste de Sent Martin. E en testimoni d'aizo e que aie tengud e valor aus ditz canonihes per tos temps sius ne carte dade ab lo commnal aged d'Auxs sagerade. Testimonis son d'aizo, G. deu Bas sacrista Auxitanus, Johannes de Besues abad de Zerefraiseu, B. de Arapasac abad de Faged, P. de Betos archidiaene de Pardinch, R. G. archidiaene Pardiacensis[1], maeste S. U. Dareu caperan de Montlezun, B. de Lasportes, W. de Lafaurgne, Philip de Bocol coselhs d'Auxs, frai P. de Bordes, R. de Lafaurgne, Colom de Lafaurgne. Ego, Raimundus Sancii Molier notarius Auxitanus qui hanc cartam scripsi, feria v post festum beati Johannis Baptiste, anno Domini M° CC° L° nono, regnante Lodoico rege Francorum, Ispano existente archiepiscopo Auxitano, Geraldo comite Fedenciaci ac Armaniaci.

---

[1] Il y a ici faute du scribe. Il ne pouvait pas y avoir deux archidiacres de Pardiac. En 1252, charte lxx, nous voyons Raymond Géraud, archidiacre de Pardiac, et P. de Betos, archidiacre de Magnoac. Il faut donc ici corriger et lire : *Pierre de Betos, archidiacre de Maubouc.*

XXII.

1271. — DE TESANO JUXTA GONDRINUM.

Armand de Bielote, chevalier, sa femme Blanche et leur fils Martin engagent au chapitre de Sainte-Marie d'Auch, moyennant cent sous morlas, le quart de la dime de l'église de Tesan.

Notum sit, quod Armannus de Bielote[1] miles, domina Blanca uxor ejus, Martinus eorum filius, obligaverunt pro c solidis morlanorum de quibus se tenuerunt pro bene paccatis, capitulo beate Marie Auxitane quartam decimam ecclesie de Tesan[2], apud Gondrinum, de qua obligatione dictus Armannus per sacramentum corporaliter prestitum, domina vero Blanca et Martinus predicti, per fidem promiserunt dicto capitulo portare bonam et firmam guarentiam ad usus et consuetudines civitatis Auxitane, et in contrarium per se seu personam interpositam non venire, renunciantes exceptioni non numerate pecunie et omni auxilio et beneficio juris et consuetudinis cujuscumque. Testes hujus rei sunt, Raymundus de Cion, Arsivus de Carged milites, P. archidiaconus Sui Podii, P. de Betos canonici Auxitani, et ego Segainus de Thogeto publicus Auxitanus notarius qui presentem cartam scripsi. Datum Auxi die Jovis post nativitatem beate Marie, anno Domini M° CC° (f° 12 r°) LXX° primo, domino Amanevo archiepiscopo Auxitano, Geraldo comite Fezenciaci et Armaniaci.

XXIII.

1264. — DOMINICI TAQUABA EST.

Guillaume de Laffargue vend à maître Sanche, archidiacre de Pardiac, et au chapitre de Sainte-Marie deux sous morlas de cens assis sur la vigne de Pause, pour l'obit de Dominique Taquaba.

Noverint universi presentes litteras inspecturi, quod Guillelmus de Fabrica vendidit per se et suos magistro Sancio archidiacono

---

[1] *Bielote* ou *Bilote*, pour *Gelote*, ancienne paroisse de l'archidiaconé de Pardaillan, près Beaucaire, canton de Valence.

[2] *Thezan*, ancienne paroisse de l'archidiaconé de Pardaillan, à l'est de Gondrin, sous le vocable et le patronage de Saint-Antoine l'Ermite et de Saint-Vincent de Saragosse.

Pardiniaci et ecclesie Auxitane duos solidos morlanorum censuales ad obitum Dominici Tacaba, quos faciebant dicto Guillelmo annuatim in festo Assumptionis beate Marie, Garsias de Casaus et Johannes den Pera, pro vinea et terra quas habent apud Paisas pro triginta solidis morlanorum, de quibus dictus venditor se tenuit pro pacato et promisit emptori predicto de dicta venditione bonam et firmam portare guarentiam ad usus et consuetudines civitatis Auxitane et quod contra ipsam per se vel per alium non veniret, renuncians super hoc exceptioni non numerate pecunie et omni auxilio et beneficio juris et consuetudinis cujuscumque; de dictis etiam duobus solidis censualibus dictus venditor se devestivit et prefatum emptorem investivit et in possessionem induxit. Testes hujus venditionis sunt, Bernardus de Panassac, archidiaconus Corrensagnes, Arnaldus capellanus d'Orbessan, Johannes den Bas et ego Seguinus de Thogeto publicus Auxitanus notarius qui presentem cartam scripsi. Datum apud Auxim viii idus aprilis, anno Domini M° CC° LX° IIII°, regnante L., rege Francorum, domino Amanevo archiepiscopo Auxitano et Geraldo comite Armaniaci et Fezenciaci.

XXIIII.

1276. — BERNARDA DE TREMPBLEDA.

Bernarde de Tremblade vend au chapitre d'Auch, pour vingt sous morlas, un cens annuel de douze deniers, établi sur un terrain sis à Chelère.

Notum sit, quod Bernarda de Tremblede vendidit capitulo beate Marie Auxitane pro viginti solidis morlanorum quos se ob hoc asseruit recepisse in pecunia numerata, illos duodecim denarios morlanorum de censu seu servicio quos ei faciebant annuatim Sancius de Saubay et Bernardus Teuler de illis placeis que sunt apud Fielere[1] inter vineam beate Marie, ex parte una, et rivum de Buguet[2] ex altera, et stratam publicam[3] ex altera,

---

[1] Pour *Felere, Chelere*, *burri* ou faubourg de la ville d'Auch, déjà mentionné.

[2] A la charte LXX on trouvera un nom de ruisseau à peu près identique, le *Buguet*.

[3] C'est probablement le chemin d'Auch à Barran qui passait près du faubourg de Chelère, ancien chemin des pèlerins de Saint-Jacques.

de qua, inquam, venditione promisit pro se et suis (f° 12 v°) per stipulationem et sacramentum corporaliter prestitum dicto capitulo Auxitano portare bonam et firmam guarentiam ad usus et consuetudines civitatis Auxitane et in contrarium per se seu personam interpositam non venire, renuncians vellyano, exceptioni non numerate pecunie quanto minoris et omni auxilio et beneficio juris et consuetudinis cujuscumque. Testes hujus rei sunt, Guillelmus deus Malos, Johannes deu Cotman et ego Seguinus de Thogeto publicus Auxitanus notarius qui presentem cartam scripsi. Datum Auxi in crastinum beate Lucie, anno Domini M° CC° LXX° sexto, dominante Amanevo archiepiscopo Auxitano, Geraldo comite Fezenciaci et Armaniaci.

XXV.

1276. — ODO DE MAREVATO.

Odon de Maravat, chevalier, engage au chapitre de Sainte-Marie d'Auch, au prix de deux cents sous morlas, la moitié de la dime de l'église de Saint-Pierre de Maravat.

Notum sit, quod dominus de Marevato miles, obligavit titulo pignoris, capitulo beate Marie Auxitane pro ducentis solidis morlanorum de quibus se tenuit pro paccato, medietatem decime Sancti Petri de Maravad, dyocesis Lactorensis, et medietatem trium partium decime Sancti Petri d'Ombiele, dyocesis Auxitane, pacto tali habito inter partes, quod dictus Odo non possit luere dictum pignus nisi de festo Omnium Sanctorum ad Pascha, sed intra illos terminos quandocumque sibi placuerit omni anno; de qua, inquam, obligatione dictus dominus Odo promisit per stipulationem prefato capitulo portare bonam et validam guarentiam et in contrarium per se seu personam interpositam ullo unquam tempore non venire, renunciando exceptioni non numerate pecunie et omni auxilio et beneficio juris et consuetudinis cujuscumque. Testes hujus rei sunt frater Petrus de Bordes, Garsias deu Coser presbyter, capellano de Castino, Raymundus de Pratonerone, Guillelmus subsacrista et ego Seguinus de Thogeto publicus Auxitanus notarius qui hanc presentem cartam scripsi, communi utriusque partis assensu. Datum Auxi, xv die exitus mensis julii, anno Domini M° CC° LXX° sexto, dominante A. archiepiscopo Auxitano, G. comite Fezenciaci et Armaniaci.

XXVI.

1273. — [DE MELANO.]

Fort Sanche de Lados a engagé à Jean, prieur de Saint-Orens d'Auch, et au couvent, la dime de l'église de Saint-Étienne de Meilhan, pour la somme de quatre cents sous morlas. Le couvent de Saint-Orens admet à la moitié de la valeur de cet engagement le chapitre de Sainte-Marie, moyennant le payement de deux cents sous morlas par ledit chapitre.

(F° 13 r°.) Notum sit, quod cum dominus Johannes, prior Sancti Orientii Auxitani et conventus ejusdem loci, recepissent in pignore a Forcio Sancii de Lados decimam Sancti Stephani de Melano pro cccc solidos morlanorum sub certis conditionibus, prout hec in quodam instrumento, quod ego notarius infra scriptus feci, plenius contenentur; dicti dominus prior et conventus admiserunt magistrum Sancium archidiaconum Pardiniacensem in ecclesia Auxitana, nomine ipsius ecclesie, ad medietatem dicti pignoris cum cc solidis morlanorum quos ob hoc recognoverunt sibi solutos a dicto magistro Sancio in pecunia numerata, qui magister Sancius voluit se teneri et ecclesiam Auxitanam, una cum dictis domino priore et conventu, ad omnia que in instrumento pignoris continentur : facta fuit autem hec admissio ad medietatem dicti pignoris ratione cujusdam compositionis civili jure inter partes. Testes hujus rei sunt, dominus Johannes de Besuas abbas Selle Fraaxe in ecclesia Auxitana, Eycius capellanus beati Orientii Auxitani, Guillelmus de Latapie archipresbiter de Pardelano, Sancius capellanus de Troncen, magister Rogerius fisicus Auxitanus, Bernardus de Bordeu clericus et ego Seguinus de Thogeto publicus Auxis notarius qui presentem cartam scripsi. Datum Auxi, x kalendas marcii, anno Domini M° CC° LXX° tercio, dominante Amanevo archiepiscopo Auxitano, Geraldo comite Fezenciaci et Armaniaci.

XXVII.

1259. — DE NA PAGANA.

Bernard de Laporte et Arnaud Despax, son frère, fondent pour leur mère Na Pagana un obit de douze sous morlas, en faveur des chanoines de Sainte-Marie d'Auch.

Notum sit, que nos en Bernard de Lasportes, en Arnaud deus Paxs mon frai, en amor e per nostre bolentad nos obligam que fazam aumoine per anime de nostre mair Na Pagana, que Dieus aie bona mercher, cascun ann XII sols de morlas, obid au die que la dite nostre mair pasa deu sechle, aus canonihes de ma davne Sante Marie d'Auxs, e rechoneisem que devem XXX sols de morlas aus ditz canonihes de leise de la dite nostre mair. Del dit obid en nos tenguds aus ditz canonihes quel comprem ol fazam comprar c sols de morlas, entro que nos lo compren ol fazam comprar per nostre propie bolentad, nos obligam que nol fazam cascun au lo dit (f° 13 v°) obid au dit die aus ditz canonihes. Si per abenture renuaze en nos per nul cas que nos no fesem lo dit obid, nos autreiam e volem que de la nostre bighe deu Calau[1] fos feit cascun ann lo dit obid deus bes e deus fruitz que eisiren de la dite bighe, e nos quen obligam la dite bighe aus ditz canonihes e que lau tengosen toz temps entro que nos o nostres eretz agosem comprad o feit comprar obid de c sols de morlas, eus ditz xxx sols de la dite leise los agosem pagads. E en testimoni daizo sius navem carte dade ab lo comunal saged d'Auxs sagerade. Testes, Guiraud de Lafaurgue, Johan Barau cosehls d'Auxs, Guiraud Daroches. Ego Raymundus Sancii Molier notarius Auxitanus qui hanc cartam scripsi, feria v ante festum Pentecosten, anno Domini M° CC° L° nono. La dite bighe deu Calau tien nos deus ditz canonihes.

---

[1] *Calau* ou *Caillau*, faubourg au midi de la ville d'Auch.

XXVIII.

1274. — DE COLOIA EST.

B. de Franca, avec le consentement de ses copropriétaires de Cesan, engage au chapitre de Sainte-Marie d'Auch, au prix de cent sous morlas, le quart de toute la dîme de l'église Saint-Martin de Coloue, située près du château de Cesan.

Notum sit, quen B. de Franx, d'auzed uss parssoner de Sezan [1], diss e manda e aferma que ed avie e tenia la quarta part de tota la demna de la glisia de Sent Martin de Colhona, pres del castel de Sezan, la cau quarta part empenha lo mesiss B. al capitol de nostra dona Santa Maria d'Auxs a maeste S. archiancne de Pardiac en la mezissa glisia, per nom del meziss capitol, per c sols de bos morlas quel meziss B. reconego e autreia quen avie aguds e arsebudz en bos diners comptans, si que per ben pagads sen tenc, en renuncia a diners no aguds e de no arsebudz e de no comptanz e de no esser tornadz en son profeit e la exception dengau de meitad e de bauzia, e que no i es estad enganad ni deseubnd en tot ni en partida; de la qual quarta part de demna avant dita mes lo meziss B. en plenera possassion lo dit maeste S. per nom del dit capitol a tenir e a possedir en patz e ses tot contrast, e pleneirament la mezissa quarta part entro quel meziss B. o son ordenh aredos e (f° 14 r°) complis los ditz c sols de morlas en bos diners comptanz al capitol avant dit, e quel capitol pes sos meziss propis toz los fruiz en tol maneira que non devon ester comdadz en sort qui de la dita quarta part eissiran de die en la que aquesta carta fo enquerida entro quels ditz c sols sian aredudz cum sus es dit, dizens e afermans lo meziss B. que ed no a feit ni hom per lu causa per que lo dit pens no aia valhor, ans manda e promes en obligament de tos sos bes al dit capitol portar bona e ferma gerentiha de si maziss e de totas persounas que lo dit capitol embargassen en la possassion ni eu en colhir los fruitz de la dita quarta part, e fo en comvent entor lo dit capitol el dit B. que lo dit capitol deu donar asober la dita quarta part de demna totas oras quel dit B. o son ordenh fes paga al dit capitol des ditz c sols del dia enla, de Martro a Pasque » en qued tems en miei de

[1] D'auzeds uss parssonner de Sezan, traduisez : Ouï les copartageants de Cesan.

Pasque en darer, e no a nulh auter tems e aisso totas oras quel capitol ne fos requerid dedenz aquel temps, e que si per abentura per lo dit B. ni auguna autre persona per arazon de lu era lo dit capitol embargad el possedir o el colhir los fruits de la dita quarta part quel, avant dit capitol no fos tengad de rendre lo dit pens entro quel dit B. o hom per lu agos enmendad al dit capitol tant cum li auren forsad ohtra los e sols avautz ditz, et quel procurador del dit capitol quen foz crezud per la simple palaura ses testimoni e ses segrament. Hoc fuit factum v die in exitu mensis Marcii. Testes sunt, Sancius de Tronen capellanus de Trocen, Guillelmus Arnaldus capellanus de Sezano, Sancius Demsulha qui dicitur Pero, Petrus de Fabrica, et ego Guillelmus de Prezano communis notarius Auxitanus qui hanc cartam scripsi, et in publicam formam redegi et signo meo consueto signavi, anno Domini M° CC° LXX° IIII°, Amanevo archiepiscopo Auxitano et Geraldo comite Fezenciaci et Armaniaci.

XXVIIII.

1270. — DE TRONCEN.

Centulle de Troncens, chevalier, donne à Sainte-Marie d'Auch et au chapitre tout ce qu'il possède dans l'église Saint-Jean de Troncens.

Notum sit, quod dominus Centullus de Troncen miles habens ratum totum istud quod pater et antecessores sui dederunt in ecclesia sancti Johannis de Troncen capitulo ecclesie (f° 14 v°) beate Marie Auxitane, dedit donatione pura et irrevocabili inter vivos, eidem capitulo per imperpetuum quicquid habet vel habere potest seu debet ex aliqua causa in ecclesia supradicta, promisit etiam per sacramentum corporaliter prestitum, se deinceps contra donationem ipsam per se seu personam interpositam non venturum, et quod ipsam donationem laudari et jurari faciet a Guillelmo Arnaldi filio suo; dedit etiam fidejussorem ad hoc Petrum Davinede qui fidejussor se spontanee obligavit pro laude et juramento predictis, hoc ita promiserunt tenere perpetuo et servare dictus Centullus et fidejussor ab eo datus et in contrarium non venire, renunciantes omni auxilio et beneficio juris et consuetudinis cujuscumque. Testes hujus rei sunt, magister Sancius, Bernardus de Panesaco, magister G. de Boneto archidiaconus in ecclesia Auxitana, Raymundus de Samazano, Fortanerius de Monte Salvo, scriptor domini archiepiscopi, et ego Seguinus de Thogeto publicus Auxitanus notarius qui presentem cartam scripsi. Datum Auxim xi kalendas octobris, anno Domini M° CC° LXX°, regnante Lodoico rege Francorum, Amanevo archiepiscopo Auxitano, Geraldo comite Fezenciaci et Armaniaci.

XXX.

1257. — DE COTENX.

Guillaume de Coutens, chapelain de Ladevéze, engage aux chanoines de Sainte-Marie d'Auch le quart de la dîme de l'église Saint-Pierre de Coutens.

Conoguda causa sia, que io W. de Cotenx, caperan de la Devesa, empeie lo quart de la demna de Sempe de Cotenx aus senors canonges de madauna Sancta Marie d'Aus per L. sols de morlas, en taus combenz que io W. sober diit la poscha despenar de Martor a Pascha saub prumer an, e queus ac dei far bona de mi e deus mees e de tot ome per luu autre ome noos ac dei despenar saub per mimeteis, e que aiso plus segura causa sia dei ne dar la bonas fizansas a Cotenx au R. G. qui lahora era cerarer d'Aus e arquiacme de Pardiach, o si fizansas no podi aver que ac dei jurar sobre senz que asi ac tenaga bonamenz. Aiso fo feit en la claustra d'Aus devant los senors canonges deu laug, so es a saber devant (f° 15 r°) G. sacrista et arquiacme de Savanes e den J. de Besuas abbas de Serafraiseu, P. den Maurig arquiacme de Soz et den F. arquiacme d'Armaiac, e den R. W. arquiacme d'Eusan, e den R. G. arquiacme de Pardinac, e den B. de Panasac, e den G. de Mariol, e den U. de Maest e Rainaut e de maeste S. arquiacme de de Corrensages et P. de Bordes ospitale de Sancta Maria. D'aiso foron testimonis, P. W. de Sent Canazin, R. A. de Lacariola cu fil massouer. Anno Domini M° CC° LVII°.

XXXI.

1257. — [DE COTENX].

S. de Saint-Martin, chapelain de Saint-Pierre de Coutens, engage au chapitre d'Auch
l'autre quart de la dîme de son église.

Conoguda causa sia, que io S. de Sent Martin caperan de Sempe
de Cotenx, empeie lautra quart de la demna de Sempe de Cotenx
per autres ʟ sols de morlas peu meteis combent de W. de Cotenx
sober dit. D'aison son testimonis, M. caperan de Madauna Sancta
Maria d'Aus e en J. de Toiei e en B. de La Era, en R. Faur. Aiso
fo feit en la clautra d'Aus en meteis mes, so fo en Gier.

XXXII.

1260. — DE FREMENSANO.

Odon du Faget, damoiseau, fait donation au chapitre de Sainte-Marie d'Auch
d'une partie de la dîme de l'église Saint-André de Ramensan.

Notum sit, quen Odd deu Faged domicellus, a donad e aumone
e asolt e quitad per toz temps per si e peus sos au capitol de
Sencte Marie d'Aus, au present e al abiedor, per far totos lors
bolentads, las dues partz qui al dit Odd abien en las ᴠ partz en la
demne de la glisie de Sent Andreu de Fremeizan, e en remuneration de la dite donation Maurin canonihe d'Auxs e archidiacne de
Soz, an dad al dit Odd ᴄ sols de bos morlas quel dit Odd rechonego quen es pagads en bos diners comtads. Si que ben apagads
sen es tenguds e a mandad e autreiad, promes que ed tiera per si e
peus sos per toz temps la dite donation au dit capitol au present
e al abiedor, e encontre no ira en tot ne en partide per si ne per
autru, de la dite demne ses debestids en a bestid lo dit capitol e
mes en pleer poder, eus na mandad et autreiad portar ferme
garentie de toz homes e de totes femnes a dret (fᵒ 15 vᵒ), eus a
jurad sobre la sancte crods en a tocads los sentz evangelis de Dieu
ab las mas, que nul temps daici evant forze ni tort nols i fara.
Aiso fo aisi arcordal ᴠᴠ dies al entrad de feurer e en presenze e en
testimoni den Guillem Arnaud seior de Biran et d'Orzan e den

R. de Lafaurgue e den Bertran de Poiolin cosehls d'Auxs. Testes, W. de Filartigue archiprestre d'Eusan, Martin caperan de Sancte Marie d'Auxs, Guiraut deu Castednau, P. d'Aroquelaure clerici, frai P. de Borde. Ego Raymundus Sancii Molier communis notarius Auxitanus qui hanc cartam scripsi, utriusque consensu, anno Domini M° CC° LX°, regnante Loddovico rege Francorum, domino Ispano existente archiepiscopo Auxitano, G. comite Fedenciaci et Armaniaci.

***

XXXIII.

1262. — DE FAURGAS.

Bernard de Scieurac engage au chapitre de Sainte-Marie d'Auch la moitié de la dîme de l'église de Horgues, moyennant soixante-dix sous morlas, avec faculté de rachat.

Notum sit, quen Bernard de Siurach, de son gran, empeia la meitad de la dempne de la glisie de Faurgues au capitol de Sancte Marie d'Auxs per c LXX sols de bos morlas, quel dit Bernard de Siurach rechonego quel dit capitol los i ave pagads en bos diners comtads, si que ben a pagas sen tengo de lor; eus na mandad e autreiad portar ferme garentie de toz homes e de totas femnes a dred, de la dite dempne ses debestis et a bestid lo dit capitol e mes en pleer poder. Lo dit Bernard pod crobar la dite dempne de Martor entro Pasche dab c LXX sols que pach al dit capitol, e en testimoni sius na carte dade e rezebude per a. b. c. partide. Testes, Odd d'Arbeisan domicellus, P. deu Coz, G. de Laserre, S. d'Ardene, ffrai P. de Bordes; ego Raymundus Sancii Molier communis notarius Auxitanus qui hanc cartam scripsi, utriusque consensu; in festo Assumptionis beate Virginis, anno Domini M° CC° LX° secundo, testimonis J. de Besuas et B. de Panasac e A. G. P. de Maslac e S.

***

XXXIIII.

1269. — ISTOS DUOS SOLIDOS EMIT MAGISTER SANCIUS ARCHIDIACONUS PARDINIACENSIS.

Fort Teuler vend à Jean de Bedestar, au prix de quarante sous morlas, une rente de deux sous morlas, assise sur une vigne située à Comelongue.

(F° 16 r°.) Notum sit, quod Fortius Teuler vendidit pro se et suis per imperpetuum Johanni de Bedestar et ejus ordinio pro XL solidis morlanorum de quibus se bene tenuit pro peccato, duos solidos morlanorum censuales vel etiam de servitio quod Guillelmus vocatus Anglet faciebat vendito eidem annuatim, in festo Omnium Sanctorum, pro vinea que est apud Comelonque, inter terram Dominici Teuler ex parte una, et vineam den Eychemon et dicti Anglet ex altera et vineam Vitalis Gafalason quondam ex altera, de quibus, inquam, II solidis censualibus et omnibus aliis juribus que ad dictum venditorem spectabant vel spectare poterant in vinea superius confrontata, vel racione ejusdem integre, venditor se devestivit et prefatum emptorem investivit et in possessionem juris induxit, promittens per firmam stipulationem eidem et ejus ordinio de venditione predicta in ecclesia per preconem, ut moris est, publicata, portare bonam et validam garentiam ad usus et consuetudines civitatis Auxitane, et in contrarium per se seu personam interpositam non venire; renuncians exceptioni non numerate pecunie quanto minoris et omni auxilio et beneficio juris et consuetudinis cujuscumque. Testes hujus rei sunt, Arnaldus d'Aroqs vocatus Belin, Petrus de Miranes, Sancius Escarrer, Sancius de Camarade, et ego Seguinus de Thogeto publicus Auxitanus notarius qui presentem cartam scripsi. Datum Auxi in crastinum beati Gregorii, anno Domini M° CC° LX° IX°. Regnante L. rege Francorum, A. archiepiscopo Auxitano, G. comite Fezenciaci et Armaniaci.

XXXV.

1256. — DE PANJAS.

Hispan, archevêque d'Auch, fait donation au chapitre de Sainte-Marie d'Auch et au
chapitre de Nogaro, pour fondation d'un obit en son nom, des dimes de l'église de
Panjas qui avaient été engagées audit archevêque par Gauthier de Terride,
seigneur de Panjas, pour la somme de deux mille sous morlas.

Universis presentes litteras inspecturis Ispanus, miseratione
divina, Archiepiscopus Auxitanus salutem in Domino Jesu Christo.
Noveritis, quod cum nos decimas quas nobilis vir Gauterus de
Tarriua, dominus de Panias, in parochia ecclesie de Panias percipiebat, recipimu. pignori ab eodem Gautero, pro duobus milibus
solidis morlane monete, saluti et remedio anime nostre providere
volentes, dilectis filiis capitulo Auxitano damus mille solidos morlanorum et capitulo Nogorolonensi alios mille super decima memo-
rata pro obitu nostro et pro remedio anime nostre, et (f° 16 v°)
ponimus ipsa capitula personaliter in vita et in morte in possessionem corporalem decime supradicte, volentes et concedentes
quod dicta capitula recipiant fructus predicte decime annuatim
inter se per medium dividendos, et quod nobis viventibus
utrumque capitulum pro salute anime nostre missam celebret
annuatim solempniter et festive, ut Dominus Jesus Christus
peccata nostra nobis indulgeat, et ad bonum finem perducat : et
post decessum nostrum, in die obitus nostri, missam celebreat de
requiem pro anima nostra et predecessorum nostrorum, parentum,
benefactorum et omnium fidelium defunctorum. Ita quod de fructibus quos utrumque capitulum receperit de decima supradicta,
ipsa die, clericis et pauperibus qui ibidem fuerint, portionem
faciant congruentem prout eis secundum visum fuerit expedire.
Si vero contingat quod archiepiscopus, qui pro tempore fuerit in
die obitus nostri, presens fuerit in aliquo istorum duorum locorum
et dictam missam de requiem celebraverit, de predicta peccunia
dentur sibi decem solidi morlanorum, et si non celebret et in exe-
quiis presens fuerit eidem quinque solidi erogentur. Cum autem
dictus Gauterus vel ejus heredes dictam decimam solverint a
capitulis supradictis utrumque capitulum partem suam ejusdem
pecunie, recipiat et conservet et ponat ipsam in redditibus de

quibus annuatim nostrum anniversarium fieri et assignari prout superius est expressum. Hanc donationem facimus et concedimus, salvo jure quarte decime et procurationis nobis et successoribus nostris in integrum reservato. In cujus rei testimonium sigillum nostrum presentibus duximus apponendum. Datum et actum apud Montempesulanum in crastinum Sancti Vincentii yemalis, anno Domini M° CC° L sexto.

XXXVI.

1257. — DE MIRAMBAD.

Bertrand Arac et son fils, damoiseau, font donation au chapitre de Sainte-Marie d'Auch du quart de la dime de l'église de Marambat, moyennant payement par le chapitre d'une somme de cinquante sous morlas.

Noverint universi presentem litteram inspecturi, quod Bertrandus Arici et Bertrandus filius ejus domicelli, vendiderunt et dederunt, cesserunt, quitaverunt, gurpierunt pro se et omnibus successoribus suis presentibus et futuris, quartam partem decime quam abebant vel abere (f° 17 r°) debebant in decima ecclesie de Mirambad prope castrum de Mirano, pro L solidis morlanorum, ecclesie et capitulo Auxitanis; jurantes, tactis personaliter super hoc sacro sanctis evangeliis, non coacti nec decepti sed mera et libera voluntate ad hoc inducti, quod dictam quartam decime non colligent nec colligi facient nec in toto nec in parte nec impedient nec impediri facient, quominus dictum capitulum et successores ipsius monasterii Auxitani predictam quartam decime colligant percipiant plene, pacifice et quiete; et si contingeret forte, quod absit, quod ipsi contra venditionem vel juramentum procederent in dicta venditione, dederunt fidejussores, Raimundum de Sancto Martino et S. filium ejus qui super hoc se obligaverunt pro se et successoribus eorum ad firmitatem perpetuam et restitutionem super hoc faciendam dictis ecclesie et capitulo Auxitano; et dicti venditores renunciarunt super hoc omni juri actioni et exceptioni ecclesiasticis vel secularibus et maxime exceptioni pecunie numerate vel non numerate, rogantes Guillelmum de Tapiam archipresbiterum de Pardelano, Petrum de Plaiha rectorem ecclesie de Bed Bezer,

Bernardum d'Arozes capellanum ejusdem loci, qui in ipsa emptione decime tenebant locum dicti capituli, ut isti presenti littere sigilla sua apponerent in testimonium veritatis. Actum est apud Castrum de Corressano, die Mercurii ante festum katedre Sancti Petri, anno Domini M° CC° L° septimo, regnante domino Ispano archiepiscopo Auxitano, domino Geraldo comite Armaniaci et Fezenciaci; presentibus et ad hoc vocatis, Bernardo de Las Bozigas milite tenente tunc castrum de Corressano pro domino Oddone de Lomania, Galardo baillivo de Mirano, Petro Aspes, Vitale de Olivero capellano de Brols et pluribus aliis circumstantibus.

XXXVII.

1268. — DE CLARAC.

Guillaume G. de Verdun et son frère Guillaume Vital vendent à Sanche, archidiacre de Pardiac, fondé de pouvoir du chapitre d'Auch, la dime de Clarac, dans l'archidiaconé de Savanés, pour la somme de trente sous morlas.

Notum sit cunctis, quod Guillelmus G. de Berdun et Guillelmus Vitalis fratres per se et suos, quitaverunt, vendiderunt et etiam absolverunt in perpetuum magistro Sancio archidiachono Pardiniaci, procuratori capituli (f° 17 v°) Auxitani, et eidem capitulo, jus quod ipsi habebant vel habere debebant in decima de Clarac archidiachonatus Savanensis; pro qua quitatione, venditione seu absolutione, dictus magister Sancius dedit dictis fratribus xxx solidos morlanorum, quos ipsi recognoverunt se recepisse in pecunia numerata, promittentes per juramentum quod corporaliter prestiterunt, se nunquam per se vel per personam interpositam in contrarium non venire. Testes sunt, dominus Arsivus de Montesquivo sacrista Auxitanus, magister Geraldus de Boneto archidiachonus Elisone, Guillelmus deu Faur civis Auxitanus, magister Vitalis de La Graular clericus et plures alii et ego Johannes deu Bas publicus Auxitanus notarius qui presemtem cartam scripsi et eidem signum meum apposui. Factum fuit hoc Auxis, ultimo die mensis januarii, anno Domini M° CC° LX° VIII°, regnante Lodovico rege Francorum, Amanevo archiepiscopo Auxitano et Geraldo comite Fezenciaci et Armaniaci.

XXXVIII.

1234. — DE SANCTO MARTINO DE PARDELHANO.

Guillaume de Bezolles engage à Sanche, archidiacre de Pardaillan, le tiers de la
dime de l'église Saint-Martin de Pardaillan.

Notum sit omnibus hominibus tam presentibus quam futuris,
quod W. de Besola impignoravit Wilelmo archidiachono Pardelhani, terciam partem decime quam habebat in ecclesia Sancti
Martini de Pardelhano pro CC L solidis morlanorum, tali pacto,
quod si forte dictus impignorator vellet predictam solvere ecclesiam cum supradictis CC L solidis potest ipsam recuperare. Actum
fuit hoc apud Pardelhanum, anno Domini Mº CCº XXXº IIIIº
in presentia et testimonio B. de Pardelhano, W. de Pardelhano,
B. de las Bozigas, W. de la Tapie, P. Sabaterii, V. de la Casa.
Et ut ista supradicta obtineant perpetue firmitatis ad majorem
firmitatem facte fuerunt littere per alphabetum divise.

XXXVIIII.

1257. — DE RUFIAC.

Bertrand Tornog, chevalier, cède au chapitre de Sainte-Marie d'Auch, moyennant
quatre sous morlas, le quart des dimes de Rufiac.

Sciendum est, quod cum Bertran Tornog miles haberet in
pignus quartam partem decime ecclesie de Rufiac, quam W. Dar-
mau quitaverat capitulo Auxitano in manu B. de Bolino archidiachono Sui Podii, reddidit dictam quartam partem, spontanea
voluntate, dicto capitulo pro IV solidis morlanorum quos magister
S. canonicus Auxitanus sic persolvit de denariis anniversarii archi-
diachoni Suipodii (fº 18 rº). Actum est hoc in claustro Sancte
Marie Auxitane, feria V post vincula Sancti Petri, anno Domini
Mº CCº LVII. Testes hujus rei sunt, J. de Besues, F. G., magister S., R. G. cellerarius, W. Eisia capellanus de Rufiac.

XL.

1263. — DE CLARAC.

Guillaume de Montpezat cède au chapitre de Sainte-Marie d'Auch, moyennant trente sous morlas, la moitié de la dîme de Clarac.

Novérint universi presentes litteras inspecturi, quod Guillelmus de Montpesad quitavit per se et suos capitulo beate Marie Auxitane medietatem decime de Claragues in manu reverendi patris domini Amanevi, miseratione divina, archiepiscopus Auxitanus, et promisit quod contra predictam quitationem per se vel per alium non veniret; renuncians super hoc exceptionibus doli mali pacti conventi et omni auxilio et beneficio juris et consuetudinis cujuscumque; insuper ad hec omnia tenenda firmiter et complenda, dictus Guillelmus de Montpezad prefato domino archiepiscopo omnia bona sua et jura mobilia et immobilia obligavit. Et magister Sancius archidiachonus Pardiniacensis in ecclesia Auxitana, vice loco et nomine predicti capituli, solvit ex gratia dicto Guillelmo pignora de xxx solidis morlanorum. Hujus rei sunt testes, Amanevus de Pomer***, Arnaldus Guillelmi de Masas clerici, et ego Seguinus de Thogeto publicus Auxitanus notarius qui presentem cartam scripsi. Datum apud Auxim, feria vi post Epiphaniam Domini, anno ejusdem Mº CCº LXº IIIº, regnante Lodoico rege Francorum, domino archiepiscopo predicto et Geraldo comite Armaniaci et Fezenciaci. W. de Mont Lezun darmanac est.

XLI.

1275. — SANCTI PETRI DE CALAVETO.

Raymond de Sion, chevalier, sa femme, son fils et sa belle-fille Blancheflcur cèdent au chapitre de Sainte-Marie d'Auch, entre les mains de Sanche, archidiacre de Pardiac, la dîme de l'église Saint-Pierre de Marseillan, ainsi que toutes les dîmes qu'ils peuvent posséder dans le Fezensac, en deçà et au delà de la rivière de l'Osse, exceptant de cette donation les dîmes de Saint-André de Poic et le casal de Saint-Jean près Caillavet.

Notum sit, quod dominus Raymundus de Cionio miles, objuravit, dedit, restituit seu quitavit, de assensu domine Gualarde de

Sancto Albino uxoris sue et Galini filii sui qui hoc etiam abjura-
verunt et domine Blanqueflor uxoris ipsius Galini qui hoc promisit
bona fide, Deo et beate Marie et capitulo ecclesie Auxitane ac
eorum successoribus in persona magistri Sancii archidiaconi Pardiniacensis presentis et dictam abjurationem seu quitationem
recipientis, nomine capituli ecclesie Auxitane (f° 18 v°), decimam
ecclesie Sancti Petri de Marcilhano, diocesis Auxitane et omnes
alias decimas si quas habet, tenet seu possidet de jure vel de facto
in Fezenciaco citra aquam vocatam Osse vel ultra, exceptis decimis
Sancti Andree de Poico et casalis Sancti Johannis prope Cala-
vetum, pro sex centis solidis morlanorum, dicto militi ob hoc datis
et solutis in pecunia numerata; de qua abjuratione, redditione seu
quitatione dictus miles promisit pro se et successoribus suis, per
firmam et sollempnem stipulationem super hoc interpositam,
capitulo et ecclesie Auxitane portare bonam et validam guarentiam de omnibus amparatoribus prout jure est seu in casu hujus [1]
consuetum; renunciaverunt etiam dictus miles et uxor sua et filius
et domina Blancaflor supradicti, cerciorati de jure suo, exceptionibus doli mali pacti conventi, non quante pecunie, quanto minoris,
restitutionis in integrum, vellheyani et omni auxilio et beneficio
juris et consuetudinis cujuscumque, per que contra premissa vel
alterum premissorum processu temporis forsitan posset iri. Testes
hujus rei sunt, Bernardus d'Arriguepeu, Sancius Faur capellanus
de Calhaveto, Arnaldus de Cassanea clericus, Sancius den Queg et
plures alii, et Ego Seguinus de Thogeto publicus Auxitanus notarius qui omnibus predictis interfui et ea in publicam formam
redegi et huic instrumento signum meum apposui. Datum et
actum apud Calhavetum in vigilia beati Orientii, anno Domini
M° CC° LXX° quinto, dominante Amanevo archiepiscopo Auxitano, Geraldo comite Fezenciaci et Armaniaci.

[1] *Hujusmodi.*

XLII.

1256. — [DE PREISACH.]

Arnaud d'Ordan, chevalier, seigneur du château de Préchac, avait engagé la dime
de l'église Saint-Pierre de Préchac au chapitre de Sainte-Marie d'Auch, pour la
somme de cent sous morlas. Le chapitre avait joui de ces dimes pendant toute la
vie d'Arnaud et de sa femme. Bertrand, frère d'Arnaud, confirme cette donation
après la mort de son frère et de sa belle-sœur ; mais, quelque temps après, la fille
d'Arnaud ayant épousé le fils de R.-B. de Saint-Orens, chevalier, du diocèse
d'Agen, ce chevalier s'empara de la susdite dime et en leva les fruits pendant
quatre années au nom de sa belle-fille. Le chapitre obtint contre l'usurpateur une
sentence d'excommunication. Un arrangement à l'amiable est conclu, aux termes
duquel R.-B. de Saint-Orens restitue les dimes et paye cinquante sous morlas pour
remboursement des fruits qu'il avait perçus injustement.

Noverint universi presentes litteras inspecturi, quod cum
Arnaldus de Orzano miles dominus castri de Presas, decimas
ecclesie Sancti Petri de Presiag pignori obligasset capitulo Auxitano pro c solidis morlanorum et illas decimas in vita ipsius A.
dictum capitulum longo (f° 19 r°) tempore pacifice percepisset,
eodem A. mortuo et uxori ipsius defuncti et Bertrandus de Orzano
frater dicti A., de consensu et voluntate amicorum ipsius defuncti,
totam decimam predictam dederunt et absolverunt et perpetuo
quitaverunt Deo et beate Marie et capitulo ecclesie Auxitane pro
se et heredibus dicti defuncti pro remedio anime sue. Cumque
postmodum inter filiam predicti A. et filium R. B. Sancti
Orientii, militis Agennensis dyocesis, sponsalia fuissent contracta,
idem R. B., nomine dicte puelle, capitulum Auxitanum predicta decima per quatuor annos indebite spoliavit ; et cum ad
instanciam ejusdem capituli idem R. B. esset, auctoritate apos-
tolica, postmodum excommunicatus per judices delegatos, tandem amicabiliter cum capitulo composuit in hunc modum, quod
restituit ei decimam illam et pro fructibus quos exinde perceperat concessit eidem capitulo per restitutionem L solidos morlanorum super decima predicta, et quod capitulum predictum
percipiat et recipiat sine aliqua contradicione sui et suorum
decimas ipsas usque ad v annos ab ista die Rampalmarum
proximo subsequentes, et si tunc puella velit solvere decimas illas
capitulum tenetur eam sibi reddere cum centum L solidis morla-

norum, salvo jure ipsius capituli, quod super donatione et quitatione nomine patris ejusdem facte de decima illa possint ex tunc agere contra ipsam. Et promisit idem R. B. quod dicta puella hanc compositionem ratam et firmam habebit et inviolabiliter observabunt eam ipse et ipsa, et ipsa puella postmodum apud Sanctum Orientium [1], Agennensis dyocesis, viva voce promisit quod predictam compositionem firmiter et fideliter perpetuo obserbabit. In cujus rei testimonium sigillorum capituli et R. B. sunt presentes littere sigillate. Actum apud Elsam predicta dominica Ramipalmarum, anno Domini Mº CCº Lº VIº.

XLIII.

1232. — DE PREISACH.

Par son testament, A. W. de Labarthe, archidiacre de Magnoac, avait laissé au prieur et au chapitre de Sainte-Marie d'Auch une somme pour l'entretien d'une lampe devant brûler constamment en l'honneur de la B. V. Marie ; partie de cette somme est employée par les chanoines à l'achat de la moitié des dimes de Saint-Pierre de Préchac.

Notum sit omnibus hominibus presentibus et futuris, quod prior et capitulum Auxitanum acceperunt in pignore pro c solidos morlanis de denariis quos A. W. de Barta archidiaconus Maioaci dimiserat in testamento pro anima sua, ut semper lampas in honore beate Marie arderet in ecclesia Auxitana (fº 19 vº) et pro suo anniversario, de A. d'Orzan, medietatem decime ecclesie Sancti Petri de Preissag, excepta quarta parte ecclesie Auxitane, tali pacto, quod non debet eam solvere nisi de festo Omnium Sanctorum usque in festo Natalis Domini, collectis fructibus annuatim. Juravit etiam per fidem suam predictus A. miles et promisit pro se et successoribus suis quod bonus guirens et bonus defensor sit semper illis et successoribus suis canonicis scilicet Auxitanis si forte contradictor aliquis appareret ; dedit etiam juratores et fidejussores nobilem virum dominum A. de Biran militem et W. de Canaas et P. Guacelinum, qui omnia predicta cum illo et sine illo faciant observare in perpetuum illibata et possidere paci-

---

[1] Probablement Saint-Orens près Condom, alors dans le diocèse d'Agen. Condom n'étant pas encore érigé en évêché.

fice et quiete. Testes hujus rei sunt, W. B. abbas d'Idrag, Columbus archidiachonus, W. de Bocoa capellanus, W. de Gaudos
archidiachonus, magister A. cantor, V. de Arbeissano, A. de Caorz,
Gaucelinus, canonici, F. de Portis, Geraldus de Sancta Christina,
Vitalis de Carrera capellanus de Preissag. Actum Auxis in claustro Sancte Marie, anno Verbi Incarnati M° CC° XXX° II°. De
reditu istius pignoris debet semper ardere lampas in choro ecclesie
Auxitane et residuum debet dari in suo anniversario canonicis
Auxitanis.

XLIIII.

1232. — [DE PREISACH.]

Guillaume-Arnaud de Biran (et d'Ordan) engage à Guillaume de Gaudos, archidiacre, représentant le chapitre de Sainte-Marie d'Auch, la moitié de la dîme de
l'église Saint-Pierre de Préchac, avec faculté de rachat.

Notum sit omnibus hominibus presentibus et futuris, quod
W. de Gaudos archidiaconus, accepit in pignore pro c solidis
morlanorum de W. A. de Biran milite, medietatem decime ecclesie
Sancti Petri de Preissag, excepta quarta parte canonicorum, tali
pacto, quod non debet eam solvere nisi de festo in festo Omnium
Sanctorum, collectis fructibus annuatim. Juravit etiam per fidem
suam predictus miles et promisit pro se et successoribus suis quod
bonus guirens et bonus defensor sit semper illi et successoribus
suis canonicis scilicet Auxitanis, si forte contradictor (f° 20 r°)
aliquis appareret. Dedit etiam juratores et fidejussores nobilem
virum dominum A. de Biran fratrem suum, qui omnia predicta
cum illo et sine illo faciat observare in perpetuum illibata et
possidere pacifice et quiete. Testes hujus rei sunt, R. prior,
B. d'Arrapassac archidiaconus, W. B. abbas d'Idrag, A. de Deus
adjuva[1], anno Verbi Incarnati M° CC° XXX° II°.

[1] Dieuzaïde.

XLV.

1272. — SANCTI STEPHANI DEU DEUZ.

Vital de Lafite, chevalier, du consentement de dame Comtorie de Baguces, sa
femme, engage à maître Sanche, archidiacre de Pardiac, agissant au nom du chapitre de Sainte-Marie d'Auch, les trois quarts de la dîme de l'église de Saint-
Étienne du Deux, située dans les dépendances de Peyrusse-Grande.

Notum sit cunctis, quod Vitalis de Lafita, miles, cum assensu et
voluntate domine Comtorie de Baguces uxoris sue, obligavit
magistro Sancio archidiacono Pardiniaci, nomine capituli Auxitani, tres partes decime Sancti Stephani deu Deuz in apertinentia
castri de Petrucia, pro ccc solidis morlanorum quos idem magister
Sancius solvit dicto militi in bona pecunia numerata, tali pacto
adjecto, quod dictus Vitalis et ejus successores non debent nec
possunt solvere dictam decimam ab instanti festo Dominice
Annuntiacionis ad decem annos, sed dictum capitulum debet eam
tenere per dictum tempus pacifice et quiete et sine contradictione
quam dictus miles nec aliquis alius, ejus nomine, non debet ibi
facere, ymmo debet dicto capitulo portare bonam et firmam Guirentiam de omnibus amparatoribus et de malefactoribus seu perturba-
toribus sepe fatum capitulum pro juribus defensare. Predicta omnia
juraverunt ad Sancta Dei evangelia dominus Vitalis et Comtoria
predicti, se tenere et servare et in contrarium per se vel per alium
seu alios non venire sub obligatione omnium bonorum que habent
in castro seu apertinentia castri de Petrucia, quam obligationem
Raimundus Guillelmi de Quarrets bajulus de Petrucia et dictus
magister Sancius, nomine capituli, receperunt ita quod capitulum
nec dicti conjuges predicta servarent vel si contra venirent bona
predicta tenerent tam diu quousque dicto capitulo de dampno
expensis interesse et sorte esset integre satisfactum. Elapso autem
decennio dictus Vitalis vel ejus ordinium aut mandatum possunt
solvere si voluerint dictam decimam et recuperare, solutis tamen
primitus dicto capitulo dictis ccc solidis morlanorum, renunciantes
omni juri (fᵒ 20 vᵒ) canonico et civili per quod possent in contrarium evenire. Hujus rei testes sunt, Oddo de Sclassano abbas
Petrucie, Audebertus de Barbarenxs monachus, Raimundus de
Durban presbiter, Raimundus de Cotenxs, Barranus, Galhardus

de Bilhera, Guillelmus de Sancto Justino, Arnaldus dictus Bearnes et ego Johannes deu Bas publicus Auxitanus notarius qui cartam istam scripsi et signo meo signavi. Factum fuit hoc Petrucie in claustro, die veneris post festum beati Gregorii, anno Domini M° CC° LXX° secundo, regnante Philippo rege Francorum, Amanevo archiepiscopo Auxitano et Geraldo comite Fezenciaci et Armaniaci.

XLVI.

1276. — DE SANCTO MARTINO.

Maurin de Saint-Martin, chanoine de l'église d'Aire, engage au chapitre de Sainte-Marie d'Auch la moitié de la dîme de l'église Saint-Martin.

Notum sit, quod Maurinus de Sancto Martino, canonicus Adurensis, recognovit se obligasse capitulo Auxitano, medietatem decime Sancti Martini pro trescentis solidis morlanorum quos ab ipso capitulo se asseruit recepisse ex motuo in pecunia numerata super medietatem decime supradicte, quam voluit ipse Maurinus se non posse luere nisi a festo beati Saturnini ad Pascha, annuatim, fructibus ipsius medietatis decime in sortem minime computatis, quos tamen fructus ipse Maurinus percipiet et pro ipsis bastivit se facere annuatim dicto capitulo XXX solidos morlanorum annuatim in festo beati Saturnini durante obligatione predicta. Testes hujus rei sunt dominus Johannes de Besues, Bernardus Guillelmi, magister Sancius, dominus Arsivus de Montesquiu, canonici Auxitani, Petrus de Esclassano presbiter et ego Seguino de Thogeto, publicus Auxitanus notarius, qui presentem cartam scripsi. Datum Auxi sabbato ante festum beati Clementis, anno Domini M° CC° LXX° sexto, dominante Amanevo archiepiscopo Auxitano, Geraldo comite Fezenciaci et Armaniaci.

XLVII.

1264. — DEU SER.

Guillaume Garsie du Ser engage au chapitre de Sainte-Marie d'Auch la dîme de l'église Saint-Michel de Ser, dans l'archidiaconé de Pardiac.

(F° 21 r°.) Noverint universi presentes litteras inspecturi, quod Guillelmus Garsie deu Ser obligavit capitulo beate Marie Auxi-

tane, decimam ecclesie Sancti Michael deu Ser, archidiaconatus
Pardiniacensis, pro LXXX solidos morlanorum de quibus se tenuit
pro paccato et promisit per sacramentum dicto capitulo de dicta
obligatione pro se et suis portare bonam et validam guarentiam,
debet tamen dictam decimam rehabere quandocumque sibi
placuerit de festo Omnium Sanctorum ad Pasca cum peccunia
superius nominata. Testes hujus rei sunt, Arsivus de Monte
Esquivo abbas Ydraci, Johannes de Besuis abbas Sellefracte,
B. archidiaconus Corrensagnesii, Arnaldus G. archidiaconus
d'Angles, magister Sancius archidiaconus Pardiniacensis, A. de
Turre canonicus Anxitanus et ego Seguinus de Thogeto publicus
Anxitanus notarius qui presentem cartam scripsi. Datum apud
Anxim dominica post festum Decollationis beati Johannis, anno
Domini M° CC° LX° IIII°, regnante Lodoico rege Francorum,
domino Amanevo archiepiscopo Anxitano, Geraldo comite Arma-
niaci et Fezenciaci.

(*Généalogie Montesquiou*, Pr. p. 227.)

XLVIII.

1273. — DARRUFIAC.

*Odon de Maiaut ou Maignaut, chevalier, et dame Aumengart, son épouse, cèdent à
l'église Sainte-Marie et au chapitre d'Auch tous les droits qu'ils possèdent sur les
dîmes de Rufiac et de Saint-Maurice. — Sanche, archidiacre de Pardiac, stipule
au nom du chapitre.*

Notum sit cunctis, quod dominus Oddo de Maiaut miles et
domina Aumengart uxor ipsius, gratis ac spontanea voluntate,
non decepti nec vi, metu, seu dolo inducti per se et suos presentes
et futuros, quitaverunt et absolverunt in perpetuum Deo et beate
Marie et capitulo Auxitano qui nunc est et in posterum erit,
totam illam partem et jus quod ipsi habebant et habere debebant
ratione aliqua in decimis d'Arrufiac, et Sancti Mauricii archidiaconatus Sui Podii in ecclesia Auxitana, jurantes ad sancti dei
evangelia, pro se et suis presentibus et futuris, per se vel personam
interpositam in contrarium non venire; et promiserunt et concesserunt per idem juramentum, quod amodo in dictis decimis nichil
petent vel peti facient nec de eisdem aliquid recipient, nec dictum

capitulum (f° 21 v°) vel capituli nuncios ibidem impedient seu
impediri facient quominus dictas decimas obligant et percipiant
pacifice et quiete. Quo facto, magister Sancius archidiaconus Pardiniacensis, nomine capituli predicti, ut quitationem quam de
dictis decimis fecerant magis gratam haberent, et dedit eisdem
conjugibus centum solidos morlanorum in pecunia numerata.
Hujus autem rei testes sunt, Guillelmus de Latapie archipresbiter
Pardelhani, magister Petrus deu Coz clericus Auxitanus, Petrus
de Marmont, magister Garsias capellanus de Maraut et ego
Johannes den Bas publicus Auxis notarius qui, de voluntate
dictorum conjuguin, presentem cartam scripsi et signo meo
signavi. Factum fuit hoc in castro de Maraut[1], XIII die introitus
mensis augusti, anno Domini M° CC° septuagesimo tercio,
regnante Philipo Francorum rege, Amanevo archiepiscopo Auxitano et Geraldo comite Fezenciaci et Armaniaci.

XLVIIII.

1264. — [DE CLARAC.]

Guillaume de Montpezat fait abandon au chapitre de Sainte-Marie d'Auch des trois
quarts de la dime de l'église de Clarac, dans l'archidiaconé de Savanès.

Notum sit cunctis, quod Guillelmus de Monte Pezato pro se et
suis dedit in perpetuum, Deo et beate Marie et capitulo Auxitano
et eorum successoribus pro remedio anime sue, tres partes decime
ecclesie de Clarac archidiaconatus Savanensis, promittens per
sacramentum, tactis sacrosanctis evangeliis, dicto capitulo contra
dictam donatiomem per se vel per alium in aliquo non venire nec
aliquem dolum vel fraudem comittere que possint eandem in toto
vel in parte quomodolibet irritare vel etiam infirmare : quo facto,
dictum capitulum gratis ac sponte dedit Guillelmo de Monte
Pezato predicto LX solidos morlanorum in pecunia numerata; si
vero aliquis super predicta donatione contra dictum capitulum
Auxitanum aliquam questionem contentionem seu petitionem
moverit debet dictus Guillelmus de omnibus amparatoribus de

[1] Il faut probablement lire *Maiaut*, Maignaut, près Valence (Gers).

mundo, aliquid ibidem petentibus, dicto capitulo portare bonam
et legitimam guirentiam et ipsum fideliter defensare. Hujus
(fº 22 rº) autem rei sunt testes, Johannes de Massas Auxitanus,
Totonus, Petrus Arnaldi scriptor, Bernardus de Peirussa, Cene-
brum de Bergoias et ego Johannes deu Bas publicus Auxis notarius
qui predicte donationem interfui et de voluntate partium presens
instrumentum scripsi et signum meum apponi [feci]. Factum fuit
hoc Auxis in claustro beate Marie Auxitane, die veneris ante festum beati Benedicti, mense marcii, anno Domini Mº CCº LXº IIIIº,
regnante Lodoico rege Francorum, domino Amanevo archiepiscopo
Auxitano et Geraldo comite Armaniaci et Fezenciaci. Ego notarius predictus interliniavi in secunda linea decime.

L.

1273. — SANCTI ANDREE DE CLARAC.

Bernard de Montpezat, damoiseau, fait donation au chapitre de Sainte-Marie
d'Auch de tous ses droits sur la dime de l'église de Saint-André de Clarac.

Notum sit cunctis, quod Bernardus de Monte Pezato domicellus,
gratis ac spontanea voluntate non deceptus nec vi seu dolo induc-
tus pro se et suis presentibus et futuris, quitavit, dedit et absolvit
in perpetuum Deo et beate Marie et capitulo Auxitano, totam illam
partem et jus quod habebat in decima Sancti Andree de Clarac
archidiachonatus Savanensis; laudans et approbans ratum ac
firmum habens nichilominus quicquid fuerat super dicta decima
factum per Guillelmum de Monte Pezato fratrem suum cum
predicto capitulo vel etiam ordinatum. Promittens se in contrarium per se vel personam interpositam ullo tempore non venire.
Facta autem quitatione et absolutione per dictum Bernardum,
magister Sancius archidiaconus Pardiniacensis, nomine predicti
Capituli, dedit eidem Bernardo xx solidos morlanorum. Hujus
autem rei testes sunt, Raimundus Guillelmi de Panassaco canonicus Auxitanus, Petrus de Burneto et Guillelmus Vitalis filius
ejus, cives Auxitani, et ego Johannes deu Bas publicus Auxis
notarius qui cartam istam scripsi et signo meo signavi de volun-

tate ipsius Bernardi et assensu. Factum fuit hoc Auxis vi° die
introitus mensis junii, anno Domini M° CC° septuagesimo tercio,
regnante Philippo Francorum rege, Amanevo archiepiscopo Auxitano et Geraldo comite Fezenciaci et Armaniaci.

LI.

1268. — DE SANCTO FELICE.

Arnaud-Guillaume de Massas, damoiseau, engage au chapitre de Sainte-Marie
d'Auch la moitié de la dîme de l'église de Saint-Jean et Saint-Félix de Ropo-
laure, pour deux cents sous morlas.

Noverint universi presentes litteras inspecturi, quod constitutus
coram nobis Raimundo de Barta officialis Auxitanus, Arnaldus
Guillelmi de Massans domicellus, recognovit et ipse impignoravit
capitulo beate Marie Auxitane (f° 22 v°) medietatem decime
ecclesie Sancti Johannis de Sancto Felice de Rocalaura pro ducentis solidis morlanorum, de quibus recognovit sibi plenarie satisfactum; promittens ipsi capitulo portare bonam et validam garentiam
seque in contrarium per se seu personam interpositam non venire;
renuncians exceptioni non numerate pecunie et omni auxilio et
beneficio juris et consuetudinis cujuscumque; preterea non debet
nisi de festo Omnium Sanctorum ad Pascha luere decimam supradictam. Datum Auxis xii kalendas decembris, anno Domini
M° CC° LX° VIII°.

LII.

1248. — DE SANCTA CHRISTINA DE BASIANO.

Brascon de Marrens, chevalier, engage au chapitre de Sainte-Marie d'Auch
la moitié de la dîme de l'église Sainte-Christine de Basian.

Noverint universi presentes litteras inspecturi, quod Raimundus
prior Auxitanus, accepit in pignore pro c solidis morlanorum de
denariis festivitatis Sancti Gaudentii, medietatem decime ecclesie

Sancte Christine, que est circa Basinagum [1], de domino Brasco de Marrenes, milite, et de domina Navarra uxore sua et F. filio suo et Concessa filia sua, et cum solvere eam voluerint debent solvere circa festum Omnium Sanctorum, tamen collectis fructibus annuatim. Promisit etiam predictus dominus Brasco et juravit per fidem suam in manu supradicti prioris pro se et suis et omnibus aliis hominibus, bona fide, quod bonus guirens et bonus defensor esset semper si forte contradictor vel perturbator aliquis appareret; dedit etiam fidejussores, dominum Carbonellum filium den Beez de Podenas et de domina Bruna de Barbazan qui cum ipsis et sine ipsis facerent semper possidere pacifice et quiete predictam decimam Canonicis Auxitanis. Actum est hoc apud Auxim in claustro Sancte Marie, sabbato ante festum Sancti Johannis Baptiste. Testes, G. sacrista Auxitanus, Bivianus archidiaconus d'Angles, J. de Sencimon et magister A. cellerarii, F. archidiaconus d'Armaniaci. Anno Domini M° CC° XL° VIII° : fuerunt postea apud Basinanum alii visores de ipsa terra, W. de la Marcha, Saubet, B. de Latrila capellanus de Basinago, W. de Labedoreda diaconus, A. de Asa.

LIII.

1242. — DE SANCTA ANNA.

Pierre de Sainte-Anne, espagnol de nation, construit un hôpital et une église en l'honneur de Sainte-Anne, sur le territoire de Saint-Jean de Moret, près de Castelnau-Magnoac; il donne cette église et cet hôpital au chapitre de Sainte-Marie d'Auch, sous la condition que l'archidiacre de Magnoac payera annuellement au chapitre un cens de cinq sous, le jour de la fête de Pentecôte. Mais le terrain de l'hôpital étant grevé d'une relevance, l'archidiacre refusa de célébrer l'office divin dans ladite église jusqu'à décharge de cette relevance séculière. — Vital de Césos et Guillaume de Lunas rachètent cette servitude. — L'archidiacre et Bernier de Casal donnent une vigne et un champ contigus à l'hôpital pour l'agrandir en le reconstruisant plus solidement.

Noverint universi presentem paginam inspecturi, quod quidam (f° 23 r°) bonus homo de Ispania, frater Petrus de Sancta Anna, construxit hospitale et ecclesiam in honore beate Anne, matris

---

[1] *Sainte-Christine*, église située dans Basian, dans la plaine de l'Osse, a entièrement disparu. Elle avait aussi comme vocable Saint-Gaudens, dont la fête est fixée au 29 août.

Genetricis Dei, in territorio Sancti Johannis de Moreta, juxta Castrum Novum de Maioaco, ad sustentationem fratrum suorum et receptionem pauperum aliorum inde transentium, et dedit illud hospitale et ecclesiam Deo et Sancte Marie et capitulo Auxitano et Raimundo priori et archidiacono Mononci[1], et debent reddere capitulo Auxitano v solidos censuales in festo Pentecostes in perpetuum annuatim. Testes hujus donationis sunt, Frater Bernardus de Basalis, Bernardus Tibald, Bernardus Cabal et plures alii. Anno Domini Mᵒ CCᵒ XLᵒ IIᵒ.

Item cum locus ille in quo ecclesia Sancte Anne fuit fundata esset censualis, noluit predictus Raimundus archidiaconus quod ibi celebraretur donec illa ecclesia esset omni seculari servicio liberata; unde Vitalis de Cisos et W. de Lunas et alii parentes et coheredes eorum pro se et successoribus suis, predictam dederunt archidiacono memorato immunem ab omni dominio seculari et omni servicio censuali. Videntibus fratre Bernerio de Casalis et B. Tibaldo sacerdote, et B. Cabald et B. Praiano et multis aliis probis hominibus Castri Novi. Hoc fuit factum illo die quando in ipsa ecclesia primo fuit divinum officium celebratum. Item, prior Auxitanus cum videret quod hospitale Sancte Anne esset situm in stricto loco et arcto et hedificatum de lignis vilibus et festucis, volens illud ampliare, emit ad ampliandum de W. Arai et de Beatrice uxore sua partem cujusdam campi qui prope erat et ibidem hedificavit de terra aliud forcius, majus et melius hospitale. Testes hujus emptionis, Pius de Praed qui mercatum fecit et B. Paianus diaconus, B. Cabal sacerdos et plures alii.

Et postea Bernerius de Casalis dedit dicto hospitali quandam vineam pro redemptione peccatorum suorum et pro anima filii sui Bernerii qui tunc mortuus fuerat noviter in perigrinatione Sancte Marie de Rupe Amatoris, quam vineam postea nobilis vir dominus A. W. de Baata, pro redemptione anime sue et suorum parentum de suo proprio nemore pleissato (fᵒ 23 vᵒ) misericorditer ampliavit, et promisit illis fratribus et sororibus quod, ob honorem et reverentiam illius sanctissime matrone Anne et sue filie Sancte Marie et sui nepotis Jesu Christi, illos defenderet et juvaret.

[1] Magnoaci.

LIIII.

1272. — DE CASANOVA.

Odon de Caseneuve, damoiseau, vend au chapitre de Sainte-Marie d'Auch, pour
six cents sous morlas, la sixième partie de la dîme de l'église de Gondrin, la moitié
de la dîme de l'église de Cacarens, la moitié de la dîme de l'église de Duareule, la
moitié de la dîme de l'église d'Espas, le tiers de la dîme de l'église de Caseneuve,
le sixième de la dîme de l'église de Ceurin, ainsi que ses droits sur la dîme de
Sentex, près Bascous.

Notum sit, quod dominus Odo Casanova domicellus, vendidit
seu reddidit pro se et suis per imperpetuum, Deo et beate Marie
Auxitane ac capitulo ipsius ecclesie et successoribus suis, pro
sexcentis solidis morlanorum de quibus se bene tenuit pro paccato,
et si quid plus valet dedit eis in puram elemosinam aliud plus ac
in redemptionem anime sue et parentum suorum, sextam partem
decime ecclesie de Gondrino, medietatem decime ecclesie de Caca-
rengs, medietatem decime ecclesie de Duareula[1], medietatem
decime ecclesie d'Espaus, terciam partem decime ecclesie de
Casanova[2], sextam partem decime ecclesie de Ceurin[3], deducta
quarta domini archiepiscopi Auxitani, et omnibus decimis supradictis. Item totum illud jus quod habet vel habere debet in decima
deus Centeds prope Bascos. De quibus decimis juribus et pertinenciis earumdem et omnibus que ratione ipsarum decimarum
spectabant vel spectare poterant ratione generis vel aliter ad
dictum Odonem, de jure vel de facto, ratione possessionis vel
decentationis, idem Odo se devestivit et investivit dictum capitulum Auxitanum et per tradicionem cujusdam cedule scripte in
meram possessionem induxit, promittens per firmam stipulationem et sacramentum corporaliter prestitum quod non fecit nec
faciet contractum vel quasi seu quicquam aliud quominus predicta
vendicio seu reddicio valere possit, et quod de premissis portabit
bonam et firmam guarentiam capitulo Auxitano et eorum succes-

[1] *Duareula* est probablement une mauvaise lecture pour *Mazerola*, église de
Saint-Jean et Saint-Georges de Mazeroles, près Cacarens.

[2] *Cazanava*, église dédiée à la Sainte-Vierge, dans le voisinage de Lagraulet.

[3] Il faut probablement lire *Teurin*. *Taurin*, abréviation de *Taurinhac*.
Taurinc, ancienne paroisse, dédiée à la Sainte-Vierge, entre Espas et Séailles.

soribus per se et omnibus suis, secundum jus et ad usus et consuetudines terre, et in contrarium non veniet per se seu personam
interpositam ullo modo. Renuncians ex certa sciencia exceptioni
non numerate pecunie quanto minoris exceptionibus doli mali
pacti conventi et omni auxilio et beneficio juris et consuetudinis
cujuscumque. Testes hujus (f° 24 r°) rei sunt, Petrus de Larivau
capellanus de Gondrino, frater Petrus de Bordes bajulus domini
archiepiscopi, Vitalis den Coz, Gauzbertus de Lere, Johannes den
Bas minor et plures alii, et ego Seguinus de Thogeto publicus
Auxitanus notarius qui presentem cartam scripsi. Datum Auxim,
x kalendas octobris, anno Domini M° CC° LXX° secundo,
domino Amanevo existente archiepiscopo Auxitano, Geraldo
comite Fezenciaci et Armaniaci.

LV.

1268. — DE LOBERSANO.

Gaston de Panassac, chevalier, engage au chapitre de Sainte-Marie d'Auch la moitié
de la dîme de l'église Sainte-Marie de Loubersan, moyennant deux cents quarante
sous morlas.

Notum sit cunctis, quod dominus Gasto de Panesacco miles,
impignoravit capitulo beate Marie Auxitane, medietatem decime
Sancte Marie de Lobersano pro ducentis et xl. solidis morlanorum
quos recognovit se recepisse ab eodem capitulo in pecunia numerata; et juravit ad sancti Dei evangelia, quod portabit dicto
capitulo bonam, validam et firmam garentiam super dicta
medietate dicte decime, in cujus possessionem dictum capitulum
posuit cum presenti publico instrumento et quod deffendet eos
super ea et quod numquam commitet dolum se[1] fraudem nec ab
aliis impetrabit. Item promisit quod faciet uxorem suam et filium
suum filiamque suam consensu prebere et assensum pignori
antedicto, et de hiis dedit idem miles sepefato capitulo fidejussores
dominum Arsivam de Montesquivo sacristam Auxitanam, dominum de Monte Acuto archidiachonum Armaniaci, dominum

[1] Seu.

Rogerium de Monte ffalcone archidiaconum Vicensem et dominum Guillelmum de Sesilhaco milite, tali pacto adjecto, quod dictus miles vel ejus ordinium poterit quando sibi placuerit cum predicta pecunia a ffesto videlicet Omnium Sanctorum usque ad festum Pasche et in alio tempore non luere medietatem decime supradictam. Testes sunt, B. Ffurno capellanus de Rocalaura, Arnaldus Puzlan clericus, Raimundus de Fabrica, Guillelmus de Pulcropodio et ego Johannes de Daltona publicus notarius Auxitanus qui hanc cartam scripsi et signo meo signavi. Actum Aaxis XIII kalendas marcii, anno Domini Mᵒ CCᵒ LXᵒ VIIIᵉ, regnante Loddovico Francorum rege, Amanevo archiepiscopo Auxitano, Geraldo comite Ffezenciaci et Armaniaci.

LVI.

1267. — DE TORDUN.

Raymond de Montus cède au chapitre de Sainte-Marie
les dîmes de Pered et d'Argele, dans la paroisse de Tourdun.

(Fᵒ 24 vᵒ). Notum sit cunctis, quod Raimundus de Montuz non coactus nec deceptus set mera et spontanea voluntate, quitavit pro se et suis in perpetuum decimam duorum casalium videlicet casalis d'Argele et casalis de Pered in parrochia de Turduno in Pardiniaco, Deo et beate Marie Auxitane et capitulo ejusdem loci. Item dedit et cessit, donatione irrevocabili, pro se et suis jus, si quod habebat vel habere debebat, in decima dictorum casalium Deo et beate Marie Auxitane et capitulo ante dicto, et portabit eis bonam et firmam garentiam de se et suis super decima dictorum casalium secundum usum et consuetudinem terre promittens per se vel alium unquam in contrarium non venire. Sed recognovit idem Raimundus se recepisse a magistro Sancio archidiachono Pardiniaci, nomine dicti capituli, pro dicta quitatione, donatione seu cessione decime dictorum casalium, xx solidos morlanorum in pecunia numerata et tres quartonos frumenti, de quibus se bene tenuit pro pacato; renuncians exceptioni non numerate pecunie. Item juravit Sacrosanctis evangeliis manu tactis, quod super dicta quitatione, donatione seu cessione nullam fraudem procurabit nec faciet ab aliis procurari, renuncians insuper exceptioni doli mali pacti conventi juris et consuetudinis cujuscumque. Testes sunt, dominus G. sacrista Auxitanus, dominus B. archidiaconus Corrensegensis, dominus Vitalis de Thogeto canonicus Auxitanus et abbas de Pedrole, Guillelmus de Sancto Justino et ego Johannes de Dalton publicus notarius Auxis, qui hanc cartam scripsi et signum meum apposui. Datum et actum apud Auxim, dominica proxima post festum beati Martini, anno Domini M° CC° LX° VII°, regnante Lodovico Francorum rege, domino Amanevo archiepiscopo Auxitano, Geraldo comite Fezenciaci et Armaniaci.

LVII.

1241. — DARCAMONT ET DE NERBILA.

R.-A. d'Arcamont cède au chapitre d'Auch, moyennant trente sous morlas, la dîme de l'église d'Arcamont et le quart de la dîme de Nerville.

Notum habeant universi presentem paginam inspecturi, quod R. prior Auxitanus, accepit in pignore pro xxx solidis morlanorum, decimam (f° 25 r°) ecclesie d'Arcamont et quartam partem decime de Nerbile de R. A. d'Arcamont, et non debet eas solvere nisi usque ad festum Omnium Sanctorum, collectis fructibus annuatim. Testes hujus rei sunt, G. sacrista Auxitanus et archidiaconus Savanensis, B. d'Arapasac archidiaconus, et J. de Sensimon, archidiaconus et J. de Bedestar civis. Anno Domini M° CC° XL° I°.

LVIII.

DE BAGUERAS.

Répétition de la charte VIIII du présent Cartulaire.

LVIIII.

1266. — DE MONTE ACUTO DE PARDIACO.

Bernard de Montagut, damoiseau, engage à Sanche, archidiacre de Pardiac, agissant au nom du chapitre d'Auch, et moyennant vingt sous morlas, le quart de la dîme de l'église de Montagut en Pardiac.

(F° 25 v°). Noverint universi presentes litteras inspecturi seu audituri, quod Bernardus de Monte Acuto domicellus, impignoravit magistro Sancio archidiacono Pardiniacensi, quartam partem decime ecclesie de Montaguded dicti archidiaconatus, pro xx solidis morlanorum quos dictus Bernardus de Monte Acuto recognovit se habuisse a predicto magistro Sancio in pecunia numerata. Ita tamen quod dictus archidiachonus vel quicumque alius qui eamdem tenebit, ejus nomine, tenetur reddere dicto Bernardo vel ejus ordinio dictam quartam partem decime quandocumque ipsi voluerint eamdem luere cum pecunia prenotata ; promisit etiam dictus Bernardus dicto archidiacono dictam partem decime bonam facere de omnibus amparatoribus et de eadem portare bonam et firmam guirentiam si ipsum ibidem aliqui molestaret. Et Hujus autem rei sunt testes, G. sacrista Auxitanus, Raimundus Guillelmi d'Arrapassaco archidiaconus Elizonensis, Arnaldus G., archidiaconus d'Angles, Montozinus de Calhaveto et plures alii, et ego Johannes deu Bas qui cartam istam scripsi. Factum fuit hoc Auxis, anno Incarnationis Domini M° CC° LX° VI°.

LX.

1208. — ECCLESIÆ DE BLAZOIS.

Répétition de la charte CII du Cartulaire noir.

LXI.

[Circa 1150.]

Guillaume II, archevêque d'Auch, donne en bail à fief à Hugues, neveu de Sanche d'Aragase, tous les biens que ce dernier possédait à Tudèle (Aragon), et qu'il avait donnés à l'église d'Auch.

(F° 26 r°.) Ego Wilelmus Auscitanus archiepiscopus et universi Auxienses canonici, rogatu avunculi tui S., comendamus et damus tibi P. Ugo et toti generi tuo, terram illam quam S. avunculus tuus dedit nobis pro honore nostro, quem vendiderat, unde faciebat nobis IIII^{or} aureos singulis annis, scilicet medietatem domorum que sunt inter domos Gillelmi de Motgavarros et territoria P. Aimerici, juxta ecclesiam Sancte Marie, et medietatem trium pesarum que sunt in loco qui dicitur Albetea et medietatem III^{or} vinearum, quarum una dicitur vinea de Illacova, secunda que fuit Villelmi de Ponte, tercia que fuit vinea de Lapsanes, quarta major his que se tenet cum illa vinea hospitalis de Ronsesvals et P. Ugonis. Hoc (f° 26 v°) totum et illud quod residuum est de honore nostro, damus tibi et successoribus tuis, ut semper teneas jure hereditario, et nobis solvas III^{or} aureos annuatim. Ego Willelmus Auscitanus archiepiscopus pro me et pro toto capitulo hanc cartam confirmo et manu mea coasigno [1].

LXII.

1257. — [DE INSULA DE ARBEISSANO.]

L'archevêque Géraud de Labarthe avait remis l'hôpital de l'Ile-d'Arbessan à Marie de Béarn, religieuse du couvent du Brouilh; cet hôpital relevait du chapitre de Sainte-Marie d'Auch. Après la mort de l'archevêque Géraud et de Marie de Béarn, le couvent du Brouilh resta en possession de l'hôpital, malgré les réclamations du chapitre. Les religieuses du Brouilh, reconnaissant enfin l'injustice de cette possession, restituent l'hôpital au chapitre.

Totum bene agitur quando in melius reformatur.

Notum habeant presentes et posteri presentem paginam inspecturi, quod cum dominus Geraldus de Labarthe, bone memorie,

[1] Voir le Cartulaire noir, *de Possessionibus Tutele*, charte CXII.

sicut per relationem quorundam antiquorum didicimus, commendasset hospitale de Insula de Arbeisano domine Marie Bearnensi, moniali de Brolio, ordinis Fontis Ebrendi, quod hospitale de jure spectabat ad capitulum Auxitanum; et post decessum dicti archiepiscopi et dicte Marie Bearnensis, conventus dicti monasterii de Brolio retinuisset dictum hospitale contra voluntatem dicti capituli Auxitani, modo cognoscentes se injuste possidere, reddiderunt dictum hospitale per manum fratris Wilelmi prioris ejusdem domus Brolii et per fratrem V. de Cozmeza et per fratrem R. Arrufat et per fratrem Bru Carpentarium et per dominam Gauzio Castris et per dominam Genzos et per Geraldam d'Averon et per Joannam de Picote, aliis vero fratribus et sororibus domus Brolii consencientibus. Testes hujus quitationis et traditionis sunt dominus Raimundus prior Saragrandis et dominus Oddo de Arbeisano miles, qui suum sigillum in carta ista apposuit et dictus Raimundus prior suum sigillum similiter et S. d'Arabei capellanus de Insula qui suo sigillo hanc cartam munivit, P. de Portis civis Auxitanus, Blancad clericus, Arnaldus Argaiad, Wilelmus Faber, Arnaldus de Peired, Raimundus de Montaut, Just. W. de Lacoste, frater Vitalis de Bos sacerdos et hospitalarius, frater Gaision, frater Raimundus de Samalenx, frater V. Vitalis de Frespales scriptor qui hanc scripsit cartam. Actum est hoc mense januarii in atrio dicti hospitalis de Insula, feria vᵃ ante festum Purificationis sancte Marie, anno Domini Mᵒ CCᵒ Lᵒ VIIᵒ. W. de Aiano instrio testis fidelis.

LXIII.

1256. — [DE FREMENZHANO.]

Hispan, archevêque d'Auch, autorise l'archidiacre de Sos à acheter ou prendre en engagement, des mains des laïques, la dîme de l'église de Saint-André de Ramensan, dans l'archidiaconé de Vic; ce revenu sera affecté au paiement de l'obit de l'archevêque Géraud de Labarthe.

(Fᵒ 27 rᵒ.) Universi presentes litteras inspecturis, Ispanus, miseratione divina archiepiscopus Auxitanus, salutem et vero omnium salutari. Noverit universitas vestra, quod nos venerabili

viro M. archidiacono Sociensi in ecclesia Auxitana, damus licen-
tiam et plena concedimus potestatem redimendi, emendi vel in
pignus recipiendi de manibus laicorum decimam ecclesie Sancti
Andree de Fremenzhano in archidiachonatu Vicensi, vel pignus
receptum retinendum ad opus obitus bone memorie domini
G. quondam archiepiscopus Auxitanus, jure tamen archiepiscopali
in omnibus semper salvo. In cujus rei testimonium presentes
litteras eidem archidiacono damus sigilli nostri munimine roboratas.
Datum apud Vicum in Fezenciaco, II kalendas marcii, anno
domini Mᵒ CCᵒ Lᵒ octavo.

<hr />

LXIIII.

1155. — DE ARTIGAS.

Guillaume II, archevêque d'Auch, et le chapitre font donation à l'abbé Arnaud et au
couvent de Berdones de tous les droits que peut avoir l'église d'Auch dans Artigues et dans l'église de Saint-Saturnin, moyennant une rente annuelle de trente
conques de froment, qui devront être portées dans la ville d'Auch par les soins des
frères de Berdones. Cette donation comprend tout ce qui avait fait l'objet de la
cession consentie par R.-S. de Cortade.

Notum sit hominibus tam presentibus quam futuris, quod
Gilellmus Auxitane ecclesie archiepiscopus, cum voluntate consilio et assensu canonicorum Auxitane ecclesie, donavit et concessit
Deo et beate Marie Berdonensi et Arnaldo abbati et conventui
ejusdem loci presenti et futuro, totum illum honorem quem Auxitana ecclesia habebat et habere debebat per Raimundum Sancium
de Cortada[1] sive per aliam personam in Artigas et in ecclesia
Sancti Saturnini et in omnibus pertinentiis suis, tali vero condi-
cione, quod fratres Berdonenses donent singulis annis Auxitane
ecclesie pro predicto honore, dum ipsum tamen honorem et donum
tenuerint, xxx concas frumenti de prima pala de illo de Artigas,
ad mensuram scilicet que hodie currit et est communis in foro
Auxii inter vendentes et ementes. Quod videlicet frumentum fratres Berdonenses debent portare infra muros Auxii, mensura vero

[1] Voir dans le Cartulaire noir, charte LXVII, la donation d'Artigues à l'archevêque Guillaume, par Sanche de Cortade.

frumenti de cetero nunquam augeatur nec minuatur, sed in ea permaneat quantitate qua hodie est communis in foro Auxitano. Sed si forte fratres Berdonenses predictum donum et honorem relinquere voluerint, liceat eis, et postea liberi sint fratres Berdonenses omnia ab illa die in antea a predicto censu et reddititu, ita quod nichil possit ab eis requiri pro predicto honore. Factum est hoc in presentia canonicorum Auxiensis ecclesie qui hoc totum sicut scriptum (f° 27 v°) est laudaverunt et concesserunt videlicet, Arnaldi de Logorchano archidiaconi et Fortanerii de Badenes et Vitalis de Camassas et Vitalis de Ences et Gillelmi de Chartigal prioris et Gillelmi Fuert cellerarii et Guillelmi de Serra et Garsio de Big. Hujus rei sunt testes, B. abbas Case Dei et Gillelmus de Marrast abbas Cimorre, et Bernardus abbas de Gemundo et frater Gillelmus Petrus Curtesole et Gillelmus Gemundus et Raimundus et Bernardus de Tolosa monachi Berdonenses et Giraldus de Arbeisano et Petrus des Barads et Bernardus de Patasac et Jordanus de Sancto Romano et Bertrandus de Marcia et Gillelmus Bernardus de Macheriis. Factum est hoc anno ab Incarnatione Domini M° C° L° V°, Lodovico rege Francorum regnante, Gillelmo Auxitano archiepisco, Sancio comite.

LXV.

1274. — [TESTAMENTUM BERNARDI DE CAILLAVET.]

Vidimus du testament de Bernard de Caillavet, prieur de Vivent. Par ce testament Bernard ordonne d'employer ses biens meubles au payement de ses dettes, qu'il énumère. Il choisit comme lieu de sépulture l'église de Sainte-Marie d'Auch, et lègue à cette église et au chapitre la moitié de la dime de Gelas pour les frais de son anniversaire, et l'autre moitié au prieuré de Vivent. Il fait plusieurs autres legs, suppliant le comte de Fezensac de tenir la main à la fidèle exécution de ses dernières volontés.

Noverint universi presentes pariter et futuri, quod nos officialis Auxitanus vidimus et tenuimus et de verbo ad verbum legimus quandam litteram sigillis Bernardi de Calhaved prioris de Vivento et Geraldi de Boneto archidiaconi Elizone in ecclesia Auxitana sigillatam, cujus tenor talis est : In nomine Patris et Filii et

Spiritus Sancti. Amen. Noscant presentes pariter et futuri, quod Bernardus de Calhaved, prior de Vivento, Auxitane diocesis, sue salutis non immemor, licet infirmus corpore, mente sanus, infirmitate non victus, de suppremis cogitans, suum testamentum ultimum nuncupatum suo bono sensu et bona memoria condidit in hunc modum in quo suam posuit ultimam voluntatem, volens et mandaus quod valeat pro testamento vel ultima voluntate vel pro codicillo vel pro quo vel quibus melius valere poterit, cassans et revocans omnem aliam ordinationem factam et faciendam, testamentum, codicilles et quancumque aliam isti contrariam voluntatem. In primis voluit et mandavit, quod de bonis suis mobilibus infra scriptis executores sui satisfaciant querelantibus et creditoribus suis et postea salvant legata et ordinationem suam de dictis bonis suis infra scriptam et possessiones prioratus de Vivento quos idem prior acquisivit cum augmentis et juribus et pertinenciis suis, voluit et mandavit idem testator, quod essent (f° 28 r°) perpetuo dicti prioratus, et quod residuum dictorum mobilium erogaretur pauperibus pro anima dicti testatoris per manus ipsorum executorum et in hoc omnipotentem Deum sibi heredem instituit. Item recognovit se debere B. d'Antras qui alias vocatur Gaudot, sexaginta VI solidos morlanorum, et Johanni qui vocatur Maestron c solidos; Ricsende ancille sue XXX solidos; Johanni de Baulencs XXX IIII°ʳ solidos; R. del Escoot LX solidos; Sancio de Bona vacca, presbitero, XXVI solidos; Vitali de Bertin XVII solidos et XV concas Vicenses avene; Andree dels Solers V solidos; R. de Francescas III solidos; Deomionde[1] den Cos II solidos. Item recognovit quod vinea quam idem prior emit den Godrafe est et esse debet dicti Johannis qui dicitur Maestron et quod de dicti Johannis denariis fuit empta. Item recognovit se debere Bidoto, fratri dicti Maestron, L solidos quos de dictis bonis sibi mandavit restitui sive reddi. Item elegit sepulturam in majori ecclesia Auxitana et dedit ordinavit et legavit medietatem tocius decime de Gelas, excepta quarta archidiaconali, capitulo dicto ecclesie Auxitane pro anniversario suo et quod alia medietas sit domus sue prioratus de Vivento predicti, quam decimam

---

[1] *Deomionde* pour *Deumlaude*, datif de *Deumlauda*, nom de baptême du genre de ceux empruntés à l'Écriture-Sainte.

asseruit se pro majori parte emisse, licet primo fuisset ipsi prioratui, pro paucis denariis obligata. Item legavit pro comestione
confratrie de Savanes xx solidos. Item voluit et mandavit quod
predicti executores sui satisfaciant de dictis bonis mobilibus pro
impenso ipsi priori servitio familie sue secundum quod ipsis
videbitur expedire. Item legavit unum per [1] boum, quod habebat,
dicto prioratui et bladum ad seminandum non necessarium in
terris dicti prioratus. Item dictus prior recognovit quod Bonus
Senhorius del Cossol obligavit pignori pro x solidis morlanorum
quondam prioratui de Vivento medietatem decime de Dalbs,
excepta quarta archidiaconali, quam medietatem decime reddidit
b. del Cossol capellano de Bonas ibidem presenti, qui se gerebat
pro herede in solidum dicti Boni Senhorii qui quitavit dicto
prioratui et dedit in helemosinam quicquid idem prioratus inde
perceperat, (fᵒ 28 vᵒ) a tempore dicte obligationis citra, et solvit
ipsi priori x solidos pro quibus fuerat obligata predictos, ita
tamen quod ipsa decime redditio et restitutio esset facta ipsi
capellano et alii heredi cuilibet prefati Boni Senhorii si extaret.
Verum dictus testator fecit et constituit executores presentis
ultime voluntatis, fratrem Ugonem de Bidarelh, Vitalem de
Bertin, Gassionem Escolan, ita quod ipsi vel major pars eorum
mandent executioni omnia et singula supradicta, de consilio
magistri G. de Boneto archidiacono Elizone, et rogavit suppli-
citer idem testator comitem Fezenciacem et Armaniacensem quod
ipsam ultimam voluntatem sustineat nec permittat dictis execu-
toribus suis in predictis ab aliquo inferri violentiam. Item voluit
et mandavit quod ipsi executores teneant dictum prioratum cum
bonis et juribus suis, post istius testatoris obitum, donec a
domina abbatissa de Luguers [2] aliud contrarium receperint in

---

[1] *Per* pour *par.*

[2] Ligurio (Ligueux), abbaye bénédictine de femmes au diocèse de Périgueux.
Nous ne saurions dire à quel titre le prieuré de Vivent, situé près de Jegun,
dépendait de l'abbaye de Ligueux. On trouve dans le *Regestum Clementis
Papæ V*, une collation de ce bénéfice faite par l'abbesse Imberge de Goyas à
Guillaume de Boni, clerc du diocèse d'Auch, en 1309. « Noverint universi quod
« anno Domini millesimo trecentesimo nono, Nos Imbergia, Dei gratia, humilis
« abbatissa et conventus monasterii de Ligurio, ordinis sanctis Benedicti,
« Petragoricen. diocesis..., attendentes laudabilia merita, quibus discretus vir

mandatis. Actum fuit hoc die veneris post festum sancti Dionisii apud Viventum, anno Domini M° CC° LXX quarto, testibus presentibus et vocatis, frater Arnaldus de Forces, frater Bertrandus de Agenno ordinis minorum, Raimundus de Cionio miles, dominus B. de Syirac miles, Raimundus de Bruno, G. de Francescas, Sancius d'Orzan, R. de Delfogar presbiterum, Ricardum de Londras, magistrum Rogerium presbiterum. In cujus rei testimonium ad instanciam dicti archidiaconi dictam litteram transcribi fecimus et presentibus in veritatis tenorem sigillum dicte curie duximus apponendum.

LXVI.

[Circa 1250.]

Nomenclature incomplète des églises du Pardiac dans lesquelles le cellerier de Sainte-Marie a des droits.

Hec sunt nomina ecclesia Pardiniaci in quibus habet partem cellarius Sancte Marie de Marcellano, medietatem Casali Nagumber tres partes Sancti Petri de Cotenx, losezanme[1] Sancti Petri d'Olitges, octavam partem Sancti Petri d'Avezias, lo quart Sancti Martini de Gasaz, lo quart Casali de Bales, tres partes Sancti Andree de Perrussa Bila, lo quart Sancte . . . .

. . . .

Le reste fait défaut.

« magister Guillelmus Boni, clericus Auxitan. diocesis, donatus nostri monas-
« terii et ordinis, pollere dinoscitur..., volentes ipsum honorare... prioratum de
« Vivento Auxitan. diocesis, ab antiquo ad collationem nostram spectantem, una
« cum affario de Castillone ab eodem dependente seu sibi annexo, consueto ab
« olim per donatos nostri ordinis teneri et gubernari..., eidem Guillelmo Boni...
« tenore presentium conferimus et donamus, ac ipsum per traditionem unius
« anuli investimus personaliter.... etc. » Le Pape confirme cette collation. —
Regestum, n°° 5262 et 7333.

[1] *Losezanme* pour *los examen,* == celles, *pareillement.*

LXVII.

1258.

Guillaume-Arnaud de Biran, avec le consentement de sa femme et de ses enfants, vend au chapitre de Sainte-Marie d'Auch, moyennant la somme de huit cent vingt sous morlas, les terres cultes et incultes qu'il possède dans la vallée d'Arbessan ; ces terres sont situées entre le chemin de Saint-Jacques, la colline venant d'Auch vers le château de Camassès, d'un côté ; de l'autre côté, entre le casal de Boencs jusqu'au ruisseau de Camassès, depuis l'extrémité des terres de l'hôpital de Lagors. Il confirme une autre donation faite au chapitre par Odon de Camassès, chevalier, d'un casal sur lequel G.-A. de Biran avait des droits.

(Fº 29 rº.) Notum sit omnibus tam presentibus quam futuris, quod nobilis vir Guillelmus Arnaldi dominus de Birano et de Orzano, de consilio et voluntate uxoris sue domine Mobilie et filiorum suorum et aliorum proborum virorum amicorum suorum, vendidit et tradidit pro se et successoribus suis presentibus et futuris omnes terras cultas et incultas scilicet omnia casalia cum terris et pertinentiis eorum, scilicet casale del Abad et casale den Baion et casale de Lascomeres et casale deus Pinols, que jure hereditorio dominii de vallis d'Arbeisano possidebat, que sunt inter stratam publicam Sancti Jacobi et serram que descendit ab Auxi versus castrum quod dicitur Camassas ex una parte, et inter casale quod dicitur de Boencs usque ad rivum castri de Camassas ex altera, et ab extremitate terrarum hospitalis de Agorz [1] sicut strata publica Sancti Jacobi vadit usque ad casale deus Piahas, capitulo Auxitano presenti et futuro pro octingentis xxti solidis morlanorum quos dictus nobilis vir Guillelmus Arnaldi de Birano se fatetur sine diminutione plenarie recepisse. Volens insuper quod sicut ipsemet integre sine servitute aliqua possidet dictas terras, sic dictum capitulum in perpetuum possideat easdem terras, cum ingressu et exitu, cum pascuis et nemoribus et cum omnimodo venatione, cum aquis et fontibus currentibus et manentibus et cum lapidicineis subteraneis et manifestis ut possit ibi edificare et construere pro voluntate sua a fundo habissi usque ad cacumen celi et ut libere possit cum hominibus

---

[1] _Logors._

et peccoribus et cujuslibet specie animalibus intrare et exire per
vias publicas et alias prout ubi placuerit sine contradictione
alicujus hominis vel mulieris. Verumptamen dictus nobilis vir
Guillelmus Arnaldi de Birano dat et quitat, spontanea voluntate,
omnes decimas dictarum terrarum quas integraliter percipiebat,
Deo et beate Marie et capitulo Auxitano pro se et successoribus
suis presentibus et futuris, pro remissione peccatorum et parentum (f° 29 v°) suorum, ut inde dictum capitulum de dictis decimis
faciat secundum sue arbitrium voluntatis. Preterea dictus nobilis
vir Guillelmus Arnaldi de Birano confirmat et ratam habet donationem quam olim fecerat dominus Sancius de Arcaiach de terris
et decima ejusdem territorii de Arcaiach capitulo Auxitano, ut
nullus de genere suo possit de cetero in dicta donatione Auxitanos
canonicos molestare, et si forte, quod absit, aliquis contravenire
voluerit, iram Dei omnipotentis incurrat. Sane cum dominus
Oddo de Camassas miles, in ultima sua voluntate contulerit capitulo Auxitano pro remedio anime sue, casale quod dicitur dez
Piaas cum terris et pertinentiis suis, quod casale dictus Guillelmus
Arnaldi asserit ad se pertinere, si quod jus ibi habet totum pro se
et successoribus suis contulit dicto capitulo Auxitano, et donationem dicti militis plenarie confirmat. Verum in predictis terris
cultis et incultis quas dictus Guillelmus Arnaldi vendidit et
tradidit dicto capitulo Auxitano nullus habet pascua, sed sicut
francas et liberas dictas terras ipse possidet, ita easdem tradit et
concedit liberas et quietas ab omni servitute dicto capitulo Auxitano jure perpetuo possidendas. Promisit etiam bona fide obligando se et posteros suos, tactis corporaliter propria manu
sacrosanctis evangeliis, quod de dictis terris et decimis firmam
garentiam faciet dicto capitulo Auxitano presenti et futuro de
omni contradictione et invasore quandocumque abparuerit; et ad
hoc genus suum presens et futurum et omnia sua bona mobilia et
immobilia dicto capitulo obligavit. Supponens etiam se, dictus
Guillelmus Arnaldi se et successores suos, auctoritati domini
archiepiscopi Auxitani qui pro tempore fuerit, quod si in aliquo
articulo de predictis deficeret, quod statim posset (f° 30 r°) excom-
municari ab eodem vel etiam temporaliter pignorari, et ad hoc
firmiter tenendum dedit fidejussores, scilicet dominum Carbo-

18

nellum d'Arihepeu militem, et Martinum de Laroche domicellum, et Guillelmum de Monte pesato domicellum, et dominum sue partis castri de Monte acuto, qui in manu venerabilis patris domini Ispani archiepiscopi Auxitani se et successores suos obligarunt omnia supradicta, cum dicto Guillelmo Arnaldi et sine ipso, fideliter servaturos; et dictus Guillelmus Arnaldi supplicavit dicto archiepiscopo Auxitano ut presentem cartam dignaretur sui sigilli munimine roborare, rogavit etiam consules Auxitanos ut sigillum communitatis Auxitane apponerent huic carte; et dictus Guillelmus Arnaldi de Birano, ad majoris rei certitudinem, presentem cartam suo sigillo proprio sigillavit. Actum est hoc in presentia venerabilis patris domni Ispani archiepiscopi Auxitani juxta fontem de Fordat in territorio Auxitano, fferia vi ante festum Sancti Marchi Evangeliste, anno Domini M° CC° L° octavo, regnante Lodovico rege Francorum, Geraldo comite Fezenciaci et Armaniaci. Testes et visores omnium supradictorum sunt, ffrater Fortanerius canonicus Case Dei, Benedictus clericus domni archiepiscopi, R. prior Seregran, et S. Raimundus, B. notarius domni archiepiscopi et consules Auxitani, scilicet Columbus de Fabrica, Petrus de Picote, Selanus, U. de Saves, Sancius de Bresoes, Arnaldus deu Pin, Guillelmus de Bedestar Petrus deu Aner et plures alii scilicet, Guiraut d'Ardoes, Guiraldus de Fabrica, B. de Lasportes, Arnaldus de Priano, G. de Laserre, R. Jordi, Sancius de Lasete, Martin deu Sion, Portarie, Galaroi, Guillelmus (f° 30 v°) de Coment, Brigier de Maiaut, Martinus de Laroche, Guillelmus de Monte pesato domicelli, Carbonen d'Arichepeu miles, et ego Raimundus Sancii Molier notarius civitatis Auxitane qui de voluntate utriusque partis presentem cartam propria manu scripsi et tradicioni dictarum terrarum personaliter interfui.

LXVIII.

1220-1247. — COMPOSITIO FACTA INTER CAPITULUM, ABBATEM ET CONVENTUM FLARANEN.

L'archevêque Garsie II de Lord confirme, en le modifiant, l'accord intervenu sous son prédécesseur, entre les chanoines de Sainte-Marie d'Auch et les moines de l'abbaye de Flaran, au sujet de certaines églises.

In nomine Sancte et Individue Trinitatis, Nos G.[1], Dei gratia archiepiscopus Auxitanus, auditis rationibus canonicorum Auxitanorum et fratrum Flaranensis ecclesie de altercatione quam invicem habebant super compositionem quam predecessor noster, bone memorie, dompnus W. archiepiscopus Auxitanus et Sancte Romane ecclesie legatus, inter eos holim fecerat, cum consilio et assensu utriusque partis ipsam compositionem in melius reformaverunt sicut continetur in consequentibus. Compositio siquidem que inter canonicos Auxitanos et fratres de Flarano facta fuerat talis erat, ut de ecclesiis et terris quas hic inferius recuperabimus, que ad ecclesiam Auxitanam spectare viderentur, xx concas frumenti ad mensuram Auxii annuatim et censualiter Auxitane ecclesie canonicis redderent et Auxim portarent : quidem dicti fratres diu ecclesie Auxitane fecerunt et reddiderunt et pecunia ab ipsis canonicis in pignus receperunt et diu tenuerunt et de quo canonici et fratres nominati graves hac multiplices lites et contentiones ad invicem habuerunt. Nos itaque videntes quam plus posset conferre et Auxitane et Flaranensi super his pacifica compositio, quam litium et sumptionem utriusque vexatio utriusque ecclesie amatores et juris sue conservatores, cum consilio et voluntate Auxitanorum archidiaconorum et canonicorum et tocius capituli, dantes vobis libere partem (f° 31 r°) hoc est quartam decime que ad Auxitanam ecclesiam spectare videtur illius ecclesie in

---

[1] La présente charte contient deux parties : la première est l'ordonnance de l'archevêque Garsie de Loot, datée de 1220 ; la seconde commençant par ces mots *Post hec vero*, où est exposée l'entente qui a pour base l'ordonnance précédente : la seconde partie est de 1247.

cujus parochia hedificata est abbatia vestra, hec est Sancti Johannis de Flaraied[1], ut de parochia illius ecclesie nunquam ecclesie Auxitane decimas dare cogamus. Sane pro ecclesia Sancti Michaelis de Flarano[2] et pro ecclesia de Zabad[3] et Sancto Avito[4] et de Pontieag[5] quarum ecclesiarum parochias et terras possidetis et colitis, et protinus quas in parochia ecclesie de Bailino colitis et pro culturis del Arrived quas ad Teuls[6] possidetis et in archidiaconatu de Summo podio pro ecclesia de Iembela[7] et de Seisos et de Stagna, dabitis annuatim et censualiter Auxitane ecclesie canonicis L solidis morlanorum monete et in Assumptione beate Marie apud Auxim illi persone cui canonici, qui ibi presentes fuerint, assignaverunt, pacifice persolvetis his omnibus prescriptis ecclesiis licebit nobis absque juri et canonicorum licentia atque consilio acquirere, emere et accipere queque poterint, eccepte in ecclesia de Teuls et in ecclesia de Iembela et de Seisos et de Lugaia, de Tesiis quas laici infra parrochias harum trium ecclesias tamquam proprias possident, archidiaconus percipiat decime quartam partem, nec pro augmento nec pro possessionum seu eorum diminutio de predictis ecclesiis census prescriptus aut augetur aut minuetur. Si tamen casu contigerit, quod terras cujuslibet de predictis ecclesiis, hoc est vel ecclesie de Flarano, vel de Zabad, vel de S° Avito, vel de Pontieag, vel de Iembela, vel de Seisos vel de Stagnau juste vel injuste relinquere cogamur, quiquis earum ecclesiarum terras coluerit quisquis decimas acceperit quascumque ad Auxitanam spectare videntur ecclesiam, de ipsis ecclesiis deinceps ut dictum est superius accipietis et censum (f° 31 v°) nominatim reddetis. Quisquis aret (sic) quisquis deinceps de parrochiis predictarum ecclesiarum decimas excipiat, quartam ut dictum est canonicorum vos accipietis et sic similiter, ut dictum est, censum predictum annuatim solvetis. De ecclesia de Bailino non accipietis 'quartam

---

[1] Saint-Jean de Flarambel, paroisse sur le territoire de laquelle se trouve l'abbaye de Flaran.

[2] Église située sur le territoire de Flaran.

[3] Pour *Labat*, inconnu mais probablement près de **Flarambel**.

[4] *Saint-Avit*, près Valence, ancienne paroisse.

[5] *Ponteine*, ancienne église, dans la plaine de la Baïse, près de Flaran.

[6] *Teuls* pour *Theux*, ancienne paroisse près Valence.

[7] Saint-Jean de Gimbéle, près la Sauvetat de Gaure.

ab aliquo nisi hoc modo. Licebit ibi vobis acquirere quantum
poteritis, si preterea illud quod prius possedistis vos relinquere contingerit, de hoc quod vos possedisse constabit. Quisquis
preterea possedent vel coluerit vel decimas acceperit, quartam
accipietis, censum solvetis. Si quis contempneret quartas istas
vobis reddere, si quis etiam laicorum sive virorum ecclesiasticorum
a vobis presumeret decimas exigere, tam diu ecclesia Auxitana
auctoritate sedis apostolice roborata ecclesiastici rigoris censura
procellet, donec et de quartarum redditione et de decimarum
injusta exactione nobis satisfactum sit. Preterea sciendum quam
in nulla alia ecclesia in Auxitano diocesi ultra Baisiam, excepto
in predictis, possessiones seu terras aliquas acquirere vel excolere
preter consilium Auxitani capituli debebetis. Ut autem hec compositio firma sit et majoris roboris obtineat firmitatem, sigilli
nostri et capituli Auxitani et domni L. abbatis de Flarano impres-
sione presentem paginam fecimus roborari. Actum est autem hoc
anno M° II° XX°, Honoris papa III°, dominante, Philippo
regnante rege Francorum. Post hec vero cum controversia vertere-
tur inter dictum capitulum Auxitanum ex una parte, et abbatem
et conventum de Flarano exaltata[1], super quibusdam ecclesiis et
decimis quas prior et canonici Auxitani asserebant fratres de
Flarano adquisise per compositionem superius scriptam, requisito
assensu capituli Auxitani, partes super eadem controversia compromiserunt sub pena quingentorum solidorum morlanorum
(f° 32 r°) monete Garsiam sacristam dicte ecclesie et per fratrem
Jacobum Monachum Berdonarum. Promittentes solempniter et
solemni stipulatione obligantes, stare et parere eorum arbitrio
voluntati sive diffinitioni et non contra venire de jure vel de facto
et super hec omnia fideliter ad implenda et complenda vicissim
obligaverunt sibi omnia bona sua presentia et futura. Quo facto,
dicti arbitri, auditis racionibus utriusque partis, abito super premissis consilio, suum arbitrium taliter protulere. Dixerunt nam-
que diffiniendo amicabiliter inter partes, quod capitulum Auxitanum haberet et teneret integraliter deinceps ecclesiam de Zezerano et partem quam percipiebant fratres de Flarano in ecclesia

---

[1] *Ex altera.*

de Sancta Gemma et quartam quam idem fratres habebant in
decimas de Cosiano. Item dicti arbitri dixerunt quod fratres de
Flarano haberent et possiderent pacifice et quiete ecclesiam
d'Aulon cum decimis excepta quarta que dabitur archidiacono
de illa decima quam ibi percipient fratres de Flarano a laicis
excolentibus terras in parochia eadem. Item habeant ecclesiam
de Gimbile cum decimis et possint libere et absolute in eodem
decimario decimas acquirere, pacto antiquo compositionis superius
scripto non obstante. Et si aliqui in dictarum ecclesiarum parochiis
decimas percipiunt voluerunt dicti arbitri quod fratres de Flarano
possint eas acquirere sine contradictione ecclesie Auxitane. Item
omnes alias ecclesias cum decimis suis, scilicet de Marambad et
de Laserraiedan et de Sancto Johanne de la Serra quas nunc dicti
fratres possident, perpetuo habeant, teneant et possideant sine
contradictione capituli Auxitani, ita quod pro supradictis ecclesiis
et decimis nichil ecclesie Auxitane solvere vel facere teneantur,
nisi illud quod superius continetur. Item non teneantur dare quartam partem decime illarum terrarum quas excolunt vel exculturi
sunt in grangia (f° 32 v°) de la Sera [1] et in pertinentiis ejus. Item
de terris et possessionibus usque ad hanc diem acquisitis quas
propriis manibus aut sumptibus excolunt vel excolendas laicis ad
partem tradituri sunt, nulli homnino decimas solvere teneantur,
sed ipsi percipiant eas pleno jure integre et absolute; et liceat eis
facere adquisitionem terrarum ubicumque adquirere possint, pacto
antiquo compositionis non obstante, de quibus terris dabunt decimas ecclesiis parochialibus nec possint ecclesias sive decimas
ulterius acquirere sine assensu capituli Auxitani. Et hec omnia
superius scripta dixerunt dicti arbitri et partibus preceperunt sub
pena in compromisso vallata, quod arbitrium publice promulgatum
prior et canonici Auxitani et abbas de Flarano per se et conventum suum laudaverunt humaniniter et approbaverunt, renunciantes
scientes et consulte omni juri canonico et civili, speciali et generali, et omnibus aliis auxiliis sibi competentibus vel competituris.
Et ut omnia supradicta universa et singula distributive et immum
collecta generaliter et specialiter perpetuo sint firma, presentem

[1] Dans le voisinage de Marambat, près Vic-Fezensac.

peginam partes sigillorum suorum fecerunt premuniri, que si
forte vetustate tinea vel rupture vel aliquo casu fuerint a presenti
instrumento evulsa vel etiam separata, nichilominus presens instrumentum per alfabetum divisum roboris obtineat valoris firmitatem. Hujus rei testes sunt, G. officialis Auxitanus, frater Jacobus
de Castro novo monacus Berdonarum, Bernardus capellanus de
Gavareto, Forcius Garsie scriptor dicti officialis et multi alii.
Actum est in claustro ecclesie Auxitane, mense junii, anno
Domini M° CC° XL° septimo, sub Ispano (f° 33 r°) archiepiscopo,
sede vacante [1], Lodoico rege Francorum regnante. Ego Raimundus
Sancii scriptor consulum Auxitanorum juratus hanc catam scripsi.
Questio vero ecclesie de Idracho indeterminata remanet. Et sciendum, quod canonici Auxitani persolverunt c solidos morlanorum
fratribus de Flarano pro dicta ecclesia de Zezerano quam idem
fratres A. W. de Pardelano habebant impignoratam et obligatam.

LXVIII.

1262-1264. — COMPROMISSUM INTER CAPITULUM AUXITANUM
ET PRIOREM SANCTI ORIENTII AUXITANI.

De longues discussions relatives à certains revenus s'étant élevées entre l'archevêque, le chapitre de Sainte-Marie et les religieux du monastère de Saint-Orens,
les parties choisissent pour arbitres Jean de Besues, abbé de Sere, et Garsie de
Sainte-Gemme, moine, prieur de Montaut : ces derniers rendent une sentence
arbitrale en vertu de laquelle : 1° l'archevêque et le chapitre percevront annuellement le quart des dimes de toutes les églises dépendant du monastère de Saint-
Orens, à l'exception de celles nommées; 2° le prieur et le couvent jouiront du
droit de patronage dans certaines églises désignées. L'archevêque Amanieu II
d'Armagnac confirme au prieur et au couvent de Saint-Orens la possession de
plusieurs monastères, ainsi que de nombreuses églises désignées par archidiaconés.

In nomine Domini. Amen. Ad eternam rei memoriam univer-
sorum tam posterorum quam presencium fiat noticie manifestum,
quod cum inter venerabilem patrem Dominum A., divina Provi-
dentia, Archiepiscopum, et discretos viros capitulum Auxitanum

[1] Cette mention, *sede vacante*, ne s'accorde guère avec la mention qui précède,
sub Ispano archiepiscopo. Il faut prendre la mention dans son sens le plus large,
c'est-à-dire tenir la charte comme ayant été rédigée pendant une absence
d'Hispan de Massas, qui ne mourut qu'en 1269.

ex parte una, et religiosos viros fratrem Johannem priorem et
conventum Sancti Orientii Auxitani ex parte altera, gravis olim et
diu extitisset controversia seu discordia super articulis infra-
scriptis, tandem in religiosos ac conspectos viros, Johannem de
Besues, Selle fracte abbatem et canonicum Auxitanum, et G. de
Sancta Gemma priorem de Monte alto et monachum Auxitanum,
unanimiter ac concorditer compromittere juraverunt prout in
instrumento per manum Seguini publici notarii Auxitani confecto
sigillisque autenticis roborato plenius continetur; cujus compromissi tenor talis est. Noverint universi presentes litteras inspecturi, quod Reverendus in Christo pater domnus A., miseratione
divina, Archiepiscopus Auxitanus, et capitulum ejusdem loci pro
se et omnibus successoribus suis ex una parte, et frater Johannis
prior Sancti Orientii Auxitani et conventus ejusdem loci et pro se
et pro successoribus suis ex altera, compromiserunt et conserverunt
in religiosos viros Johannem de Besues abbatem Selle fracte et
canonicum (f° 33 v°) Auxitanum, et G. priorem de Mot   .o
Sancti Orientii Auxitani monachum, sub pena ducentarum mar-
charum, super omnibus illis petitionibus et querelis quas altera
parcium alteri faciebat vel facere poterat, sive motis usque ad
presentem diem quo hoc compromissum factum fuit vel traditum
vel movendis principaliter seu etiam incidenter usque ad festum
Pasche proximo venturum, super ecclesiis, decimis, terris, hono-
ribus, possessionibus, dominiis, proprietatibus, decimariis et
juribus ecclesiasticis et temporalibus et limitationibus parochiarum in civitate et dyocesi Auxitana et injuriis atque dampnis,
promittentes dicte partes una alteri et predictis Johanni et G.
arbitris compromissariis sive arbitratoribus sive amicabilibus com-
positoribus, firma stipulatione et sub pena predicta c^arum mar-
charum, quod quicquam dicti arbitri compromissarii et arbitra-
tores seu amicabiles compositores volent examinare et cognoscere
et pronunciare valeant et ferre interlocutoriam et diffinitivam dare
sentenciam et ordinare, juris ordine observato vel penitus preter-
misso, vel extraordinarie prout sibi melius visum fuerit, diebus
feriatis et non feriatis, sedendo, stando omni hora et omni loco et
possint semel et pluries arbitrii super diversis articulis et sententiam suam interpretari et corrigere usque ad mensem a tempore

arbitrii, promulgari et contumaciam litigatoris punire et citare partes ad quemcumque locum voluerint vel ad loca et ut possit pronunciare in scriptis et sine scriptis. Item promiserunt dicte partes, quod pronunciationi dictorum arbitrorum seu dicto obtemperabunt et in nullo contravenient de jure, vel facto, vel opere, per se vel interpositam personam, et quod nullum dolum committetur, et quod non utentur beneficio alicujus legis seu canonis privilegii vel consuetudinis que viciet vel viciare possit dictum seu arbitrium predictorum seu ex personis compromittentium sive ex rebus de quibus compromissum est. Hec omnia et singula promiserunt dicte partes, (f° 34 r°) juramento prestito corporaliter, excepto domino archiepiscopo, qui predicta non juravit set assensum suum expressum prebuit hujus compromisso, sibi ad invicem promittendo per stipulationem attendere et complere et observare pro se et suis successoribus et non contravenire sub pena predicta et obligatione bonorum suorum presencium et futurorum et pena soluta vel non soluta, predicta omnia et singula et dictum compromissum vel arbitrium in sua maneat firmitate; et hoc acto, quod dicta pena semel et pluries et quociens contra predicta vel aliquod horum ventum fuerit in omnibus et singulis capitulis commitatur in solidum et commissa exigatur. Item quod dicti arbitri in parte vel in toto super premissis contravenire sive diffinire non valeant, venerabilis in Christo pater, G. Dei gratia episcopus Lactorensis quem dicte partes in trencatorem sive superiorem super premissis unanimiter elegerunt cum altero illorum diffinire valeat et trencare. Item promiserunt dicte partes, quod dicti arbitri vel alteri illorum cum episcopo Lactorense predicto, possint cognoscere de pena predicta et adjudicare eam parti parenti et condempnare partem que non paruerit ad eandem et etiam in expensis et si in notario assessore vel consiliario expense alique facte fuerit pro hac causa, dicte partes solvant illas expensas ad voluntatem dictorum arbitrorum vel ad alterius eorum et dicti domni episcopi Lactorensis : et hoc totum prior et conventus Sancti Orientii predicti debent facere laudari et concedi per litteras patentes domini abbatis Cluniacensis et ad majorem horum omnium firmitatem habendam dictus prior Sancti Orientii quandam litteram procuratoriam non cancellatam, non abolitam nec in aliqua sui parte viciatam cum vero sigillo et vero tenore magistro Seguino de Togeto publico Auxis notario exhibuit transcribendam, cujus tenor talis est : Universis presentes litteras inspecturis frater Yvo, miseratione divina, Cluniacensis ecclesie minister humilis, salutem in Domino sempiternam. (F° 34 v°.) Noveritis, quod nos in omnibus causis domus nostre Sancti Orientii Auxitani et pertinentiarum ejusdem motis et movendis coram quibuscumque judicibus delegatis subdelegatis, ordinariis, ecclesiasticis et secularibus contra quascumque personas ecclesiasticas et mundanas ac etiam negociis, venerabilem et karissimum nostrum Joannem dicte domus Sancti Orientii priorem, camerarium nostrum in Vasconia, latorem presentium procuratorem nostrum elegimus et facimus generalem, dantes eidem potestatem et speciale mandatum agendi, defendendi, litem contestandi, jurandi in animam nostram et de calumpnia et de veritate dicenda et prestandi cujuslibet alterius generis juramentum, interlocutarias et diffinitivas sententias audiendi, appellandi et appellationem prosequendi, petendi expensas et recipiendi easdem, componendi, compromittendi, pacifiscendi, transigendi, alium procuratorem loco sui constituendi quando eumque et quocienscumque voluerit et viderit expedire, et hec omnia faciendi que nos facere possemus si presentes essemus, ratum et firmum habituri quicquid per dictum procuratorem vel constitutum ab eo factum sive actum fuerit in hac parte, promittentes sub ypotheca rerum dicte domus Sancti Orientii et pertinentiarum suarum judicatum solvi si necesse fuerit, et hoc universis quorum interest vel interesse potest tenore presencium intimamus. Datum Mosiati v° kalendas marcii, anno Domini M° CC° LX° II°. Testes hujus compromissi et omnium predictorum sunt magister R. officialis Auxitanus, Arnaldus capellanus de . . . [1], R. Delescot, Johannes dictus Cantiram et ego Seguinus dictus notarius qui presentem cartam scripsi. Veruntamen dictus officialis non interfuit quando conventus predictus juravit et suam ad predicta prebuit voluntatem. In horum et etiam omnium prescriptorum testimonium domnus Archiepiscopus, capitulum, prior et conventus sigilla sua duxe-

---

[1] Nom illisible.

runt presentibus apponenda. Datum et actum apud Auxim feria vᵃ post festum Omnium Sanctorum, anno Domini Mᵒ CCᵒ Lᵒ IIIIᵒ, regnante Lodovico rege Francorum, Domno A. predicto archiepiscopo et Geraldo comite Armaniaci et Fezenciaci. Prenominati (fᵒ 35 rᵒ) arbitri, auditis petitionibus et responsionibus rationibus que parcium hinc inde propositis et allegationibus et quecumque partes coram eis proponere voluerint consideratis diligenter et perspicaciter intellectis, habito proborum ac discretorum virorum consilio, tractu subtili premisso ac deliberatione prehabita diligenti, promotionem, honorem et condictum ambarum parcium intuentes solum directum habentes pre oculis sententiam suam dictum seu arbitrium sub formam que sequitur protulerunt. In primis idem arbitri arbitrando statuerunt seu etiam ordinaverunt, quod dictus archiepiscopus et capitulum Auxitanum percipiant de cetero quartam partem omnium decimarum in omnibus ecclesiis ad monasterium Sancti Orientii Auxitani spectantibus que site sunt in dyocesi Auxitana, exceptis decimis ecclesiarum Sancti Orientii Auxitani et de Jonholaco et de Samairano et de Mazerns et de Lobeiano, de Monte alto, de Petrucia que a solutione dictarum quartarum penitus sunt exempte. Item prior et conventus predicti habeant liberam presentationem in ecclesiis Sancti Orientii Auxitani, Sancti Cirici, Sancti Joannis de Durano, Sancti Michael de Monte alto, Sancti Andree de Lafita, Sancti Austregisili de Moishano, Sancti Mameti de Petrucia, que prefate VII ecclesie quelibet annuatim solvat domino archiepiscopo, nomine cathedratici, II solidos morlanorum. Insuper prior Sancti Orientii pro ecclesiis de Lobeiano, de Mazerns, de Jonolaco, de Samairano pro istarum qualibet sigiliatim eidem archiepiscopo persolvat II solidos pro cathedratico annuatim. Preterea pro omnibus aliis ecclesiis quas sepefatus prior et conventus tenent in dyocesi Auxitana solvant pro qualibet nomine cathedratici XII denarios domno archiepiscopo annis singulis. Si tamen in aliqua ecclesia percipiant medietatem decime, deducta quarta archiepiscopi et ecclesie Auxitane, solvant VI denarios pro cathedratico. Si vero quartam partem tenent, solvant IIII denarios vel prorata prout dicti prior et conventus percipiant in eadem. Item de omnibus que legantur monasteriis dictorum prioris et conventus, solvant archiepiscopo Anxitano terciam partem pro canonica portione, exceptis legibus seu relictis, parochiarum Sancti Orientii, de Petrucia, de Monte alto, de Moishano, quibus canonica portio omnino deducatur et exceptis etiam caribus in quibus jura interdicunt exigi canonicam portionem (f° 35 v°). Item debent dare procurationes domno archiepiscopo, ratione visitationis secundum consuetudinem dyocesis Auxitane hactenus observatam, de omnibus ecclesiis quas habent vel habituri sunt habitatis et inhabitatis, ita tamen quod non rogaverit procurare ultra terciam partem reddituum earumdem. Insuper si quis decimarum detentor monasterio Sancti Orientii totam decimam dederit sive partem, liceat priori et conventui donationem recipere sibi factam, ita tamen quod medietas collate decime domno Archiepiscopo ab eisdem liberaliter assignetur. Si vero dicti prior et conventus aliquam decimam vel ejus partem redemerint a detentoribus earumdem vel in pignus receperint hos eis liceat fructibus in sortem minime computandis, sic tamen quod archiepiscopus Auxitanus medietatem decime habeat, nominatis priori et conventui soluto pretio pro eadem recepto nichilominus a venditore et obligatore quod fraus vel dolus minime intervenerit ; detentores autem decimarum cum eosdem mori contigerit nec decimam libere resignaverint ecclesie Auxitane vel monasterio Sancti Orientii, ideo ecclesiasticam non recipiant sepulturam, nisi forte facerent petita licentia domni archiepiscopi et obtenta decimam insuper abjuratam vel pro cujus detentione quis esset in vita vinculo excommunicationis nominatim astrictus, idem prior et conventus donationis seu pignoris titulo vel aliquo modo nullatenus recipiant nisi archiepiscopi auctoritas intercesserit et assensus. Item de laboribus quos propriis manibus vel sumptis excolunt non teneantur nominati religiosi dare quartam, nec etiam de cultura Sancti Cirici, nec Sancti Johannis de Durano, nec de ortis, neque de vineis ipsorum propriis etiamsi eas tradiderint aliis esse colendas. Quod idem dicimus de archiepiscopo et canonicis si terras excolant monachorum, et hoc intelligimus in terris ab utraque parte jam acquisitis.

Postremo si domnus archiepiscopus quartam percipit, nomine ecclesie Sancte Marie Auxitane, (f° 36 r°) de aliquibus ecclesiis ad monasterium Sancti Orientii, vel ad prioratum Montis alti spectantibus, eedem ecclesie ad alteram quartam solvendam nullatenus teneantur.

Nos vero Amanevus, permissione divina, Archiepiscopus Auxitanus, monasteria videlicet Sancti Orientii Auxitani, Sancti Michaelis de Monte alto, Sancti Mameti de Petrucia, Sancti Juliani de Monasterio, Sancti Austrigisili de Moishano, necnon universas ecclesias et decimas quas nunc tenent vel olim tenuerunt predicta monasteria in dyocesi Auxitana, videlicet in archidiaconatu de Sauvenais, ecclesiam Sancti Orientii Auxitani, Sancte Marie de Lobeiano[1], Sancti Martini de Mazerns, Sancti Joannis de Durano, Sancti Martini de Toaut, Sancti Joannis de Cella nova, medietatem Sancti Petri de Poy, decimam casalis Daimaut, decimam Sancti Pauli d'Augeriaco, de Sancto Justino, Sancti Michaelis de Landriz, Sancti Johannis de Castillione de Massans, octavam partem casalium de Peiruceta, videlicet casalis de La Plaia, terciam partem decime Leglisiaste, decimam casalis de Pausade, decimam Sancti Joannis de Brugnenquest, Sancti Martini de Parva fontane, ecclesiam Sancti Andree d'Avones, ecclesiam Sancte Marie de Tireclenes, Sancte Eulalie de Sesano, Sancti Petri de Labone, Sancti Germerii, Sancti Martini Detbarges, ecclesias cum decimis.

In archidiaconatu Sui podii, Sancti Geraldi de Portaglon, Sancti Gervasii de Marcader, Sancti Juliani, ecclesias cum decimis.

In archidiaconatu Vicensis, Sancti Germerii de Marambad, de Casano, de Fontarei, medietatem de Macaut, d'Antras et de Laroche, Sancti Martini de Jussano, decimam terrarum Martini de Laracha, ecclesias cum decimis.

In archidiaconatu de Pardelhano, de Blazos, medietatem decime de Moishano, Sancti Germani, terciam partem de Scaravet, d'Area, Sancti Martini de Tribus silvis, de Meschite, de Mazerole, de Bilote, ecclesias cum decimis.

In archidiaconatu d'Engles, Sancti Martini de Bagaut, de Camases, medietatem (f° 36 v°) Sancti Juliani de Moster, de Puiol, Sancti Oriencii de Garaut, Sancti Mameti de Petrucia,

---

[1] Voir à la Table générale des noms pour l'identification de ces églises.

Sancti Laurentii de Lafite, Sancti Saturnini de Fageto, Sancti Laurencii de Lacmont, de Sancto Bartholomeo, quartam partem casalis de Porvario, casalis de Sartigaut, de Montaied, de Gajano, d'Arnaut, ecclesiam Sancti Johannis Soltari, ecclesiam Sancti Martini de Marces, ecclesiam Sancti Nicholai de Montpellecir, ecclesias cum decimis.

In archidiaconatu de Manoacho, Sancti Cristofori de Guisiriz, ecclesiam cum decimis.

In archidiaconatu Astariacensi, Sancti Jacobi de Thomaco, Sancti Joannis de Aqua clusa, Sancti Joannis de Blaisano, Sancte Marie de Gotz, Sancti Saturnini de Semcusano, Sancti Mameti de Boas, Sancti Petri de Palano, Sancti Saturnini de la Barta, ecclesias cum decimis.

Item in archidiaconatu Pardiniacensi, ecclesiam Sancti Laurencii de Puit.

In archidiaconatu de Correnseges, Sancti Petri de Jolaco, Sancti Petri de Samairano, Sancti Martini Ville picte, medietatem Sancti Lazari, Sancti Cyrici, Sancti Petri de Lissac, Sancte Marie Magdalene de Castro stelle, Sancti Justi et Pastoris de Lebolin, medietatem decime de Sermenter, decimam de Sarano, Sancti Ylarii de Lusano, Sancti Petri de Marzano, medietatem Sancti Martini de Coihac, Sancti Petri, Sancte Lucie de Palano, medietatem Sancte Marie de Mont, tres partes Sancti Joannis de Mirepeis, Sancte Anne, Sancti Petri de Montpoy, Sancti Michaelis de Monte alto, de Laras, decimam casalis de Labilera, Sancti Joannis de Ragengers, Sancti Petri de Aguis, Sancti Petri de Castris, Sancti Michaelis de Lezdas, Sancti Martini de Bascos, Sancti Martini de Albineto, de Arano, medietatem Sancti Andree de Lafite, Sancte Marie de Gotz, Sancte Marie de Bnalies, Sancti Aviti, decimam Dautur, Sancti Joannis de Parmont, Santi Salvi, Sancti Joannis Baptiste de Senac, ecclesias cum decimis priori Sancti Orientii Auxitani et ejusdem loci conventui Cluniacensis ordinis, qui nunc sunt vel qui pro tempore fuerint in prefatis monasteriis tenendas, plene et integre ac pacifice possidendas, perpetuo annuimus ac de consensu et voluntate capituli nostri irrevocabiliter confirmamus. Cathedraticum vero debent dicti prior et conventus solvere prout superius est expressum in festo

beati Martini yemalis annuatim (f° 37 r°) domno archiepiscopo
supradicto. Hanc autem confirmationem facimus secundum deter-
minationes que in singulis articulis et declarationes superius sunt
expresse, et Nos prefatus Archiepiscopus et capitulum Auxitanum, nec non Nos prior et conventus Sancti Orientii Auxitani,
acceptamus et approbamus universa et singula prout superius
sunt expressa. In quorum omnium testimonium Sigilla nostra
nos prenominati arbitri Sigilla nostra presentibus duximus apponenda. Datum et actum apud Auxim, in claustro ecclesie cathe-
dralis, IIII°ʳ kalendas marcii, anno Domini M° CC° LX° quarto.

LXX.

1273. — ECCLESIA DE SOBANHANO.

Géraud V, comte de Fezensac et d'Armagnac, engage au chapitre de Sainte-Marie
d'Auch, pour dix-huit cent vingt sous morias, la dime de l'église de Sainte-Marie
de Soubagnan, dans l'archidiaconé de Savanes.

Noverint universi presentes litteras inspecturi vel audituri,
quod Dominus Geraldus, Dei gratia, comes Fezenciaci et Armaniaci, pro se et suis presentibus et futuris obligavit capitulo Beate
Marie Auxitane qui nunc est et qui profuerit, decimam ecclesie
Sancte Marie de Sobaian in archidiachonatu Savanensi, excepta
quarta parte archidiachonali, pro mille octingentis xxⁱⁱ solidis
morlanorum quos idem dominus comes concessit et recognovit se
habuisse et recepisse a dicto capitulo, vel ab alio ipsius capituli
nomine, integre in peccunia numerata; tali pacto addito, quod
dictum capitulum dictam decimam predicto domino Comiti vel
ejus ordinio aut mandato cum dictis mille octingentis xxⁱⁱ solidis
reddat et restituat libere atque quiete quandocumque tempore ab
ipso domino Comite vel ejus ordinio super hoc fuerit requisitum;
promittens idem dominus Comes de dicta obligatione portare
bonam et firmam guirentiam dicto capitulo Auxitano de omnibus
amparatoribus, seque in contrarium per se vel personam interpositam ullo tempore non venire, et quod durante dicta obligatione
de dicta decima nichil recipiet vel recipi faciet vel quod alius

recipiat procurabit nisi hoc faciet cum predicti capituli voluntate. Predicta autem omnia juravit ad Sancta dei evangelia
dictus Comes se tenere et complere et in contrarium ut supradictum est non venire, et quod (f° 37 v°) eidem capitulo qui
nunc est et qui pro tempore feret, reddet et ressiteret omne gra-
vamen dampnum ac expensas que et quas ob deffectum seu occa-
sionem ipsius pro dicta obligatione facere oporteret, renuncians
gratis ac consulte exceptionibus non numerate peccunie, doli mali
pacti conventi et omni alii exceptioni et juris seu consuetudinis
beneficio et auxilio de quibus in hoc instrumento oporteret generalem vel specialem facere mentionem, volens quod hec generalis
renunciatio, a se facta, provide valeret ac si omnes casus utriusque juris necessarii essent hic expressi et specialiter numerati.
Hujus autem rei testes sunt vocati et rogati dominus Bertrandus
de Brunienx miles, Raimundus Guillelmi de Panassaco canonicus
Auxitanus, Petrus de Birano bajulus Auxitanus pro dicto domino
comite, ffrater Petrus de Bordes, Fforcius de Sales bajulus
Nugarolii et ego Johannes del Baas publicus Auxis notarius qui
cartam istam scripsi et signo meo signavi. Factum fuit hoc apud
Tarridam, grangiam Grandis silve, dyocesis Tholosane, ix kalendas
junii, anno Domini M° CC° LXX mo tercio, regnante Philipo
Francorum Rege, Amanevo Archiepiscopo Auxitano et predicto
domino Geraldo comite Fezenciaci et Armaniaci.

LXXI.

1256. — ACQUISITEO DE LASOA.

Géraud d'Arcamont, fils de Bernard, fait son testament par lequel il demande à être
    reçu comme chanoine de Sainte-Marie et à jouir de tous les avantages tant spiri-
    tuels que temporels attachés à cette dignité.
Il lègue et donne au chapitre tout ce qu'il possède, soit dans la ville, soit dans la
    seigneurie de Lasoe, près Roquelaure.

In nom deu Pair e deu Fil e deu Sanct Esperit. Sie conegude
cause aus prezenzs e aus abinedors, que io en Guiraud d'Archamont, fil den Bernard d'Archamont, aqu Dieus die bona mercher,
faz ma orde e mon testament en ma bone memorie, en presenze

en testimoni den Fortaner de Taride archidiacne d'Armaiao[1], e den Iohan de Besnes, e den Guillem Bernard abad d'Idrac, e den Bernard de Panassac, e de maeste Sanz, canonies d'Auxs, e den Martin, caperan de Sancte Marie, e en presenze (f° 38 r°) e en testimoni den Ramon de Bedestar qui ere coschl d'Auxs en aqued temps, e on presenze e en testimoni dautres prohomes ciutadans d'Auxs. Io Guiraud dit d'Archamont queri aus canonies de ma danne Sancte Marie quem recebosen frai, em recebosen en lor societad. Els ditz canonies en amor e en gracie rezeboron mi per frai e per lor canonie en lespiritau e en tereau, e io Guiraud dit d'Archamont en remession de toz mos peccads e per mon anniver-sari quen sera fait cascun ann, e per anime de mon pair e de ma mair e de tot mon linadie, tot aitant quant io en e e tench, ne dei tenir ne aver en la vile ne en afer, ne en la seiorie de la Soe per la partide, ne per arazon del dit mo seie pair, e en teras coltas e ermes e en bighes e en malos, e en prads o en pastencs, e en pas-tures, e aiqubes, e eses, et ysadies, en questas e aubergadas e azemprius, en clams, en justicies, et en corremenz, e tot laper-tumment de seioria que a mi dit Guiraud saparten per la partide e per arazon del dit mo seie pair en la dite ville ne el dit afer de la Soe e la meitad de la maison de peire, per mi e per toz mos erezts, totas las causes dites de la dite Soe aisi determeades et de partides cum de sobre son dites ne escriutes en la present carte, donch io Guiraud dit d'Archamont bouamenz per toz temps e aumoine aus canonies de madaune Sencte Marie d'Auxs aus pre-senz e aus abieders. La dite ville de la dite Soe dab totas las causes dites et dab tot lapertement de seiorie que io ie per arazon del dit mon pair e la meitad de la dite maison de peire, meti io en poder e en possession als ditz canonies de madaune Sencte Marie on io son (f° 38 v°) recebud per canonie. E si per abenture mos erez ne mos parentz no autreiaven ne contradizen a la dite dona-tion e que no poguoc aver valor ne tengude ne ac poguosen empa-rar ne defene adreit los ditz canonies, io Guiraud dit d'Archamont donc aus ditz canonies x sols de bos morlas sobre la dite ville de la Soe e sobre totas las causes dites, e que toz temps las tenguen

---

[1] Archidiacre d'Armagnac.

los ditz canonies en prenguen los dretadies entro que mos eretz o mon linadie los paguon los diz ʍ sols de morlas. En testimoni d'aizo dit e que aie tengude e valor per toz temps aus ditz canonies aisi cum desobre es dit sius ne carte dade e autreiade ab lo saged de mo seior Espan per la gracie de Dieu Archebesque d'Auxs e den Martin caperan de Sencte Marie e ab lo comunal saged d'Auxs sagerade. Testimoni son d'aizo, Guiraud d'Aroches, B. de Lasportes, Colom de Lafaurgue, Bertran de Poiolin, Ramon de Lafaurgue, J. de Bedestar, Guillem de Bedestar, e io Ramon Sanz Molier public notari d'Auxs qui fi la present carte ab autrei del dit Guiraud. Aizo fo fait en la maison den J. de Bedestar en mes de jul, die martis, post festum Sancti Petri, anno Domini Mᵒ CCᵒ quinquagesimo sexto, regnante Loddovico rege francorum, Domino Ispano existente Archiepiscopo Auxitano, Geraldo comite Fezenciaci ac Armaniaci.

LXXII.

1256. — [CONVENTIONES INTER DOMINUM ARCHIEPISCOPUM AUXITAN ET FRATRES MILITIE TEMPLI DE BORDERIIS SUPER GRANGIA DE MARTIN, IN ARCHIDIACONATU DE ANGLES.]

Convention entre l'archevêque d'Auch Hispan et le frère Vital d'Orleix, commandeur du Temple de Bordères, diocèse de Tarbes, relativement au payement des dîmes que lesdits religieux de la milice du Temple devront payer à l'archevêque et au chapitre pour leur terre de Martin, située dans l'archidiaconé d'Anglès, où lesdits frères viennent de fonder un établissement.

Noverint universi presentes litteras inspecturi, quod cum frater Vitalis comendator et fratres de Borderiis ordinis Milicie Templi, dyocesis Tarviensis, in loco qui dicitur Martin in dyocesi Auxitana in archidiaconatu de Angles, inciperent habitare et terras illi loci excolerent super decimis solvendis a dictis comendatore et fratribus et aliis hominibus qui ibidem eligerent habitare, nos capitulum Auxitanum de voluntate et assensu venerabilis patris domini (fᵒ 39 rᵒ) Ispani, Archiepiscopi Auxitani, cum predictis comendatore et fratribus unanimiter convenimus sub hac forma quod supradicti comendator et fratres de omni blado cujuscumque

generis sit et lini quod aliquatenus colligent de propriis aratis vel
alio modo in terris illis medietatem decime perpetuo et sine aliqua
contradictione solvant nobis capitulo Auxitano, de vineis autem
et viridariis et ortis et animalibus et alliis nutrimentis propriis a
prestatione decimarum penitus sint immunes; habitatores vero
loci illius et alii omnes ibidem terras excolentes omnes decimas
sine aliqua contradictione integraliter nobis solvent de omnibus
rebus de quibus decime debent solvi; promiserunt etiam predicti
comendator et fratres, bona fide, quod populario habitancium fiat
ibi suo velle nec aliquo modo impedient vel facient inpediri quominus sint habitatores in loco et omnia jura nostra conservent et
omnem utilitatem nobis fideliter quantum eis possibile fuerit pro-
curabunt. Sane si terras quas ipsi comendator et fratres nunc excolunt vel excolent in futurum alii excolant ullo modo, decimas illarum terrarum nos predictum capitulum recipiemus integre sicut est
expressum superius. Super primiciis vero solvendis predicti comendator et fratres nobiscum Ispano, miseratione divina, Archiepiscopo Auxitano, taliter convenerunt, videlicet quod de omni blado
cujuscumque generis sit et de lino quod aliquatenus colligent de
propriis aratis vel alio modo in terris illis, sexagesimam partem
pro primiciis sine contradictione aliqua nobis predicto archiepiscopo solvant, et de propriis vineis et viridariis et ortis et de nutrimentis propriorum animalium primicias nullas solvant : habitatores vero loci illius et alii omnes qui terras excolunt vel excolent
in loco illo omnes primicias, videlicet tricesimam partem bladi,
lini, vini et pomacii[1] et aliarum rerum de quibus primicie debent
solvi, nobis predicto Archiepiscopo integre solvant; et si terras
quas (fᵒ 39 vᵒ) predicti comendator et fratres nunc excolunt vel
excolent in futurum alii excolant ullo modo nos predictus Archiepiscopus debemus integre recipere primicias omnes, videlicet
tricesimam terrarum illarum. De procuratione fuit dispositum tali
modo, quod secundum facultates loci et secundum quod decime
erunt, procuratio persolvatur nobis archiepiscopo supradicto,
omnia vero alia jura parochialia integre percipiemus per nos vel
per mandatum nostrum ab omnibus habitatoribus loci ejusdem vel

---

[1] Pour *pomadii*, *pomada*, boisson de pommes fermentées.

alias unumcumque advenientibus preterquam a fratribus vel conversis ordinis Milicie Templi; et nos predicti archiepiscopus et capitulum Auxitanum pro nobis et successoribus nostris et nos frater Vitalis comendator de Borderiis et fratres omnes dicte domus pro nobis et successoribus nostris supradicta omnia et singula, bona fide, promittemus servaturos. In cujus rei testimonium sigilla nostra presentibus duximus apponenda. Actum est hoc apud Auxim die martis post festum Sancte Trinitatis, anno Domini M° CC° quinquagesimo sexto.

LXXIII.

1258. — [DONATIO ECCLESIARUM DE SANCTO FELICE PROPE ROQUALORAM ET DE SANCTO JOHANNE DE CESIAM PROPE LAVARDENS.]

Guillaume de Sédillac, chevalier, et son frère Raymond, damoiseau, font donation de la moitié de la dime de l'église de Saint-Félix, au territoire de Roquelaure, et de la moitié de la dime de l'église de Saint-Jean de Cosian.

Notum sit omnibus presentibus et futuris, quod Guillelmus de Sedelac miles, et Raimundus de Sedelac domicellus frater ejusdem quondam bone memorie Arnaldi de Sedelac militis, devotione animi et ut particeps fierent orationum, missarum, ceterarumque bonorum que fient in ecclesia Auxitana, pro se et pro omnibus successoribus suis, bono animo, gratis et spontanea voluntate, dederunt in helemosinam et concesserunt et absolverunt libere in perpetuum medietatem decime ecclesie Sancti Felicis, dicta ecclesia Sancti Felicis est in territorio d'Arochalaure, et medietas decime ecclesie Sancti Johannis de Cosias, dicta ecclesia est inter castrum de Lavardenx et castrum de Sezan, Deo et beate Marie et G. de Base sacrista et capitulo Auxitano, pro se et pro omnibus successoribus suis presentibus et futuris et pro remissione peccatorum et parentum suorum. Insuper dictus Guillelmus de Sedelac promisit bona fide obligando se (f° 40 r°) et posteros suos, tactis corporaliter propria manu sacrosanctis evangeliis, quod de dictis decimis firmam fatiet guirentiam dicto sacriste et dicto capitulo Auxitano presenti et futuro de omni contradictore et invasore quandocumque apparuerit : et ad hoc, genus suum presens et futurum omnia bona sua mobilia et immobilia dicto capitulo obligavit. Et ad hoc firmiter tenendum, dictus Guillelmus dedit fidejussores scilicet dominum Aysivum de Monte Esquivo abbatem Idriaci et dominum B. d'Arapasac abbatem Fageti, canonicos Auxitanos, qui in presentia dicti capituli obligarunt se omnia supradicta fideliter servare. Poro ac facta ac donatione, dictus Guillelmus recepit ex caritate a dicto sacrista Auxitano c solidos morlanorum de quibus se fatetur plenarie recepisse. Insuper Fortonet et Petrus de Masas milites, et Oddo de Masas et Arnaldus Guillelmi, domicelli et nepotes dictorum militum, predictam donationem laudaverunt et ratam habuerunt. Rogavit etiam dictus Guillelmus consules Auxitanos ut sigillum comunitatis apponerent huic carte. Testes sunt, magister Philippus de Berduno capellanus Castri novi de Barbarencs, Forcius deu Costau capellanus Sancte Marie de Lavardencs et archipresbiter de Savanes, Martinus capellanus Sancte Marie, B. deu Forn capellanus d'Arochelaure, C. capellanus de Castelon de Masas, P. deu Coz, V. de Laborie clerici; laici vero : Guiraldus d'Aroches, Columbas de Fabrica. Ego Raimundus sancti Molier notarius Auxitanus qui hanc cartam scripsi, mense septembri, anno Domini Mᵒ CCᵒ Lᵒ VIIIᵒ, regnante Loddovico rege Francorum, Domno Ispano existente archiepiscopo Auxitano, Geraldo comite Fezenciaci et Armaniaci.

LXXIIII.

1244. — [CONVENTIO INTER CAPITULUM AUXITAN. ET FRATRES MILITIE TEMPLI DE BORDERIIS SUPER ECCLESIIS DE ARCHIDIACONATU DE MAGNOAC.]

Règlement du désaccord survenu entre la maison du Temple de Bordères et le chapitre de Sainte-Marie d'Auch, au sujet des dîmes de certaines églises du Magnoac. Les arbitres décident que, moyennant une rente payée en nature par les Frères de la milice du Temple au chapitre d'Auch, lesdits frères jouiront en paix des églises désignées dans la charte.

In nomine domini. Noverint universi presentes atque futuri, quod cum longa discordia esset inter ecclesiam Auxitanam et domum milicie Templi de Borderes et de Biusos super decimis, (f° 40 v°) primiciis, quartis et aliis de archidiaconatu de Magnoag, tandem positum fuit ab utraque parte voluntarie quod starent arbitrio fratris Fortanerii de Seados, comendatoris de Monsalnes [1], et Bernerii de Casalis, quicquid ipsi vellent facere juditio vel compositione et aliorum quos ipsi vellent vocare ad arbitrium supradictum, et ipsi vocaverunt dominum Peregrinum de Turre abbatem Benedictionis [2] et Gillelmum d'Aries priorem de Gala [3] et F. d'Albis capellanum Castri novi. Assignata igitur die, convenerunt apud Castrum novum de Magnoaco. Vero frater Vitalis d'Orleis comendator de Borderes, tunc temporis, cum litteris sui magistri de rati abitione, et R. prior Auxitanus et archidiaconus Magnoaci cum similibus litteris capituli Auxitani et de voluntate Ugonis de Pardelano, vicarii Auxitani et episcopi Bigorritani, comparuerunt coram arbitris supradictis. Archidiaconus supradictus petebat pro ecclesia Auxitana tres partes decime ecclesie de Sarignag et tres similiter de Tedoli et tres de Morere et tres de Sisos, quas ipsi tenebant de donativo segnori de Iese, quartas vero partes ipsemet possidebat; petebat etiam illas partes quas tenebat apud Biensos et apud Belpuei, de donativo de W. A. de Biensos et insuper quartam partem decime sui aratri de Biensos et tres partes decime ecclesie de Puntaos, quas dominus A. W. de Labarte occupabat pro quadam contentione que fuerat inter supradictos adversarios : de decima de Puntaos, predicti vero arbitri, auditis querimoniis prioris et ecclesie Auxitane et responsionibus fratrum domus milicie Templi, de voluntate utriusque partis talem compositionem fecerunt, quod domus milicie Templi absolveret decimam de Puntaos pro se et suis successoribus R. archidiacono et ecclesie Auxitane et fideliter laboraret, quod possessionem suam recuperaret ecclesia Auxitana, et quod redderet sex sestarios bladi, duos scilicet tritici et duos ordei et duos milii

---

[1] Monsaunès, en Comminges, une des plus puissantes commanderies des Templiers dans le Midi. Fortaner de Siadous n'est pas mentionné dans la liste des commandeurs de Monsaunès (*Hist. du Grand-Prieuré de Toulouse*, Toulouse, 1883, p. 293).

[2] *Benedictio Dei*. L'abbaye de la Bénédiction-Dieu de Nizors, près Boulogne-sur-Gesse.

[3] *Galan* (Hautes-Pyrénées).

Auxitane ecclesie perpetuo annuatim (f° 41 r°). Posuerunt nichilominus quod archidiaconus et dicta ecclesia Auxitana absolveret,
de voluntate capituli et vicarii supradicti, per se et successores
suos omnes illas, partes decime quas petebant in ecclesiis supradictis, scilicet de Sarignag, et de Tedoli et de la Morere et de
Sisos et de Bieusos et de Belpuei, hanc compositionem fecerunt
supradicti arbitri, scilicet frater Fortanerius de Seados preceptor
de Monsalnes et dominus Bernerius de Casans et Peregrinus de
Turre abbas Benedictionis et Guillelmus d'Aries prior de Galan et
frater de Albis capellanus Castri novi, pena etiam imposita fuit
non observanti, quod L marcas redderet observanti et si vellet
procedere in illam causam non audiretur nisi prius redderet dictas
marchas. Testes hujus rei sunt, frater Wilelmus Fuert d'Oson et
frater Garcias de Carrei preceptor, tunc temporis, del Planta et
frater Raimundus de Casans preceptor de Bieusos et Calvetus de
Pegula, lo Faub de Puntaos, et Wilelmus de Barta capellanus de
Bieusos et Giraldus de Pueisegur sacerdos et Wilelmus Chavare
et Martinus qui scripsit hanc cartam, nutu ac precepto utriusque
partis. Hoc fuit actum in ecclesia Castri novi, crastina die post
festum beati Jacobi; et ut presens compositio robur optineat
firmitatis presentem paginam sigillis comendatoris de Borderes et
capituli Auxitani fecimus roborari, anno Domini M° CC° XL° IIII°.

A   B   C   D   E

LXXV.

1253-1257. — [COMPROMISSIO INTER SACRISTAM ECCLESIE AUXITAN,
ET MONACHES BERDONARUM SUPER CULTURIS INSULE ARBEYSANI.]

Sentence arbitrale rendue par G. de Bas, sacristain de l'église Sainte-Marie d'Auch,
et P. de Cortade, moine de Berdoues, réglant un différend existant entre le
chapitre et les moines de Berdoues, au sujet de la perception des dimes de
plusieurs terres situées près de l'Ile-d'Arbessan.

Cum inter capitulum ecclesie Auxitane ex una parte, et monasterium Berdonarum ex altera, pretextu quarumdam ecclesiarum
decimariorum, terrarum et possessionum diverse questiones orte
fuissent, et multa mala hinc inde perpetrata, tandem partes sibi
in posterum super hoc providere volentes unanimiter et acorditer

fecerunt, elegerunt, constituerunt super hoc arbitros sive arbitra-
tores G. de Bas sacristam et canonicum ecclesie (f° 41 v°) Auxitane et fratrem P. de Cortada monachum dicti monasterii Berdonarum, concedentes quod quicquid ipsi duo arbitrio juditio,
compositione sive voluntate difinirent vel ordinarent, totum illud
tenerent bona fide et perpetuo observarent et hoc promiserunt sub
pena ɒ solidorum morlanorum. Voluerunt etiam quod si ipsi duo
arbitri in unum dictum sentenciam voluntatem concordare nequi-
rent, quod in ipsa causa esset tercius arbiter, videlicet dominus
abbas Case Dei, ordinis Premostratensis, volentes et concedentes
quod quicquid ipse cum uno supradictorum arbitrorum super dictis
questionibus diceret, pronunciaret vel ordinaret totum illud perpetuam obtineret roboris firmitatem et illud partes servarent et
nunquam contravenirent; et si forte, quod absit, aliqua pars inobe-
diens et rebellis reperta fuerit parti obedienti penam supradictam
persolvat sine questione aliqua et dificultate dicto sive arbitrio vel
judicio dictorum arbitrorum in suo robore nichilominus duraturo.
Hec omnia partes sibi ad invicem stipulando promiserunt tenere,
observare et nunquam per se vel per aliquam personam etiam
subrogatam contravenire. Et pro omnibus supradictis tenendis,
complendis et observandis omnia bona monasteriorum suorum
mobilia et immobilia presentia et futura tacite et expresse obligarunt; renunciantes scienter et consulte omni juri canonico et
civili, speciali et generali et terre consuetudini et omnibus aliis
auxiliis sibi competentibus vel competituris. Actum est hoc mense
octobris, anno Domini M° CC° L° tercio. Post hec vero dicti duo
arbitri, auditis petitionibus, responsionibus, positionibus, replica-
tionibus hinc inde propositis, visis etiam instrumentis, cunctis
causarum diligenter investigatis et examinatis, propter bonum
pacis et concordie et ut lites omnino sopirentur et karitas que
Deus est inter partes omnino reformaretur, suum arbitrium in
hunc modum promulgaverunt, difiniendo et arbitrando dicentes et
pronuntiantes, quod capitulum (f° 42 r°) Auxitanum percipiat
integraliter decimas illius territorii quod est inter territorium de
Labarte et rivam de Begaut [1], scilicet a vallo quod in+rat dictum

---

[1] Le *Begaut*, près l'hôpital de Lagors, sur le chemin de Saint-Jacques d'Auch
à Barran.

rivum de Begaut aliquantulum inferius ubi rivi conjunguntur et
inde ascendendo usque ad foveam ubi alii duo rivi similiter
conjunguntur, que determinat territorium de Labarte et hospitalis
de Lagorz, et ex transverso usque ad metam que determinat
dictum territorium et exinde similiter transversando usque ad
aliam foveam que est in summitate serre que similiter exterminat
dictum territorium de Labarte et dicti hospitalis de Lagorz; postea
descendendo versus orientem per summitatem ejusdem serre usque
ad quandam foveam que est prope curiam que dicitur comitisse, et
exinde similiter descendendo usque ad caput valli superius nominati quod intrat rivum de Begant, quas decimas monasterium
Berdonarum sibi vendicare intendebat ratione decimarii de
Labarte, decimas illius territorii quod est infra ista adjacentia
capitulum Auxitanum percipiat pacifice et quiete. Item dixerunt
quod archidiaconus d'Angles qui, pro tempore fuerit, habeat et
percipiat in perpetuum decimam illam terrarum de Torezes que
est prope Insulam d'Arbeisano ·· dicuntur de Logorzano, pro
cartam quam petebat in decima. Fontis frigidi quam monasterium Berdonarum ibidem percipiebat. Item, idem arbitrii perpetuo
aziudicaverunt monasterio Berdonaram omnes decimas ecclesie
Fontis frigidi, ita quod deinceps canonici dicti capituli vel archidiaconus d'Angles ratione decimarum vel cartarum vel alio quolibet modo ibidem non percipiant quicquam. Cum idem monasterium longissima prescriptione et titulo ipsius ecclesie et decimarum
ejusdem loci sit plenissime munitum. Item adjudicaverunt eidem
monasterio (f° 42 v°) decimas de Seraihed. Ad hoc cam contentio
quarumdam terrarum esset inter partes, ut contentio illa omnino
sopiretur de consensu parcium talem compositionem duxerunt
faciendam, dicentes quod petitio quam faciebat capitulum Auxitanum, de quibusdam terris infra territorium Fontis frigidi
contentis, omnino esset sopita, et quod monasterium Berdonarum
haberet et pacifice possideret casale quod vocatur de Sancio Ovela
cum omnibus juribus et pertinenciis suis, quod est situm in territorio de Lafite, quod est inter castrum de Deuzes et grangiam de
Artigiis[1], quod casale ad dictum capitulum Auxitanum immediate

---

[1] Cette grange était au territoire d'Artigues, près Mirande.

spectabat. Voluerant etiam ipsi arbitri, quod in recompensatione istius casalis et illarum terrarum quas petebat dictum capitulum in territorio Fontis frigidi, capitulum Auxitanum habeat et demceps pleno jure perpetuo possideat, illam culturam quam habebat dictum monasterium juxta Insulam d'Arbeisano cum omnibus [1] et pertinenciis suis, que cultura est sita inter hospitale et villam de Insula, et ex alia parte inter stratam publicam Sancti Jacobi et flumen quod dicitur Baissia, et dictum capitulum persolvit pro compensatione dicte culture CL solidos morlanorum fratri Petro de Cortade monacho et procuratori dicti Monasterii Berdonarum, nomine abbatis et conventus. Super aliis vero querelis et questionibus quas sibi partes ad invicem faciebant vel facere poterant usque in hodiernum diem quoquo modo ratione sive occasione supradictorum locorum, item [2] arbitri perpetuum silencium partibus sententialiter duxerunt sub pena superius contenta imponendum. Mandaverunt etiam ipsi arbitri quod inde fiant duo instrumenta per alfabetum divisa et quod ad majoris rei firmitatem sigillorum dicti capituli et abbatis Berdonarum munimine roborentur, et si sigilla forte a presente instrumento rupta vel avulsa vel quolibet modo destructa fuerint, presens instrumentum perpetuam nichilominus roboris obtineat (fº 43 rº) firmitatem. Omnia supradicta singula et universa distributive et in unum collecta partes laudaverunt, abprobaverunt et omnino confirmaverunt. Acta sunt hec in claustro Auxitano, presentibus de capitulo Bernardo abbate Fageti, Arsivo de Monte Esquivo abbate Ydriaci, Johannes Besuis, Petro de Betos archidiacono Maioaci, Arnaldo G. archidiacone d'Angles, Raimundo G. archidiacono Pardiaci, Garsia de Marol, Gaisieus Deloid, Rodgerio Monte folconis, vitale de Thogei, Bernardo de Panasac canonicis Auxitanis; et pro parte Berdonarum, domino R. abbate Berdonarum et fratre P. de Cortade et fratre Guiraudo de Ponzano. Testes qui ad hoc vocati fuerunt, Martinus capellanus Sancte Marie, Raimundus prior Seregrandis, magister Philippus de Berduno, Vitalis de Laborie clerici, Arnaldus de Mont leon, Guiraudus Barau, Petrus de Faurgis, Guillelmus Albineti, Duranus

---

[1] *Juribus.*

[2] *Idem.*

Delort, Arnaldus Inferni, Petrus Iaseus consules Auxitani;
Guiraudus de Fabrica, Arnaldus de Fabrica, Guiraudus de
Rochis, Forcius de Part lariu; et ego Raimundus Sancii Molier
publicus notarius Auxitanus qui de mandato dicti capituli, et
dicti P. de Cortade procuratoris, assensu et voluntate dictarum
partium, premissa et singula abprobantium coram me, duo instrumenta inde scripsi, unum tradidi dicto capitulo Auxitano et
alterum fratribus Berdonarum superius nominatis. Hoc fuit
factum in jam dicto claustro, feria IIIᵃ ante festum Sancti Andree
apostoli, anno Domini Mᵒ CCᵒ Lᵒ septimo, regnante Lodovico
rege Francorum, Domno Ispano existente Archiepiscopo Auxitano,
Geraldo comite Fezenciaci et Armaniaci.

LXXVI.

1266. — ACQUISITIO CULTURE INSULE D'ARBEYSANI.

Carbonnet de Rignepeu, chevalier, donne en aumône au couvent de Sainte-Marie de Berdoues le domaine qu'il possède dans la vallée d'Arbessau; mais les frères de Berdoues ayant trouvé avantageux d'échanger ce domaine avec les chanoines de Sainte-Marie d'Auch, Carbonnet déclare faire donation dudit domaine au chapitre d'Auch.

Conegude cause sia aus presenzs e abinedors, que Io Carboneu
d'Arichepeu rechonoc que la culture que io e mos linadies avem a
la Isle d'Arbeisan, nos dem en aumoine la dite culture a Dieu e a
madaune Sancte Marie de Berdoes e aus frais (fᵒ 43 vᵒ) de la dite
maison ab combent, que sils ditz frais volen bene ne camiar la
dite culture nos lagosem en camis o en bende devant autre. Si
quels ditz frais e labad de la ditte maison de Berdoes an camiade
la dite culture au[s] canonies de ma daune Sencte Marie d'Auxs,
e io Carboneu dit d'Arichepeu, miles, no forzads, ni constreiz, mas
en amor e en gracie e per ma agradable bolentad, si io za en durer
avi nule cause demandar en la dite culture ne i devi nule cause
aver per arazon de pair ni de mair ni de nul autre mon linadie
eus ditz combentz, Io en Carboneu dit d'Arichepeu ac donc fran-
chamenz per toz temps en aumoine a Dieu e a madaune Sencte
Marie d'Auxs e aus canonies de la dite maison d'Auxs; e us ditz

canonies de la dite maison d'Auxs, e en remuneration, au me dads
e bonamenz pagads xx sols de bos morlas, e io quels e dads e asoltz
e quitads per toz temps los ditz combenz cum de sobre es dit. E
en testimoni d'aizo e que aie tengude e valor per toz temps aus
ditz canonies sius ne carte dade ab lo comunal saged d'Auxs
sagerade. Testimonis son d'aizo, Colom de la Faurge, P. de Picote,
Selau, Guillem de Bedestar, U. de Saves, A. Deupin, S. de Bres-
res, P. deu Auer coselhs d'Auxs, R. Dandofile, S. W. Fulace,
R. de Balauteas, Raimandus Sancii Molier publicus notarius
Auxitanus qui hanc cartam scripsit. Hoc fuit factum Auxim,
feria III post festum Pasche, anno Domini Mᵒ CCᵒ Lᵒ octavo,
regnante Loldovico rege Francorum, Domno Ispano existente
archiepiscopo Auxitano, Geraldo comite Fezenciaci ac Armaniaci.

LXXVII.

1259. — [DE ECCLESIA DE BLEZOS].

Sentence arbitrale rendue par B. de Caillavet, prieur de Vivent, et Fort du Costau,
archiprêtre de Savanès, relativement à la difficulté survenue entre le chapitre de
Sainte-Marie et le monastère de Saint-Orens, au sujet de la dîme de l'église de
Blezois.

(Fᵒ 44 rᵒ.) Conegude cause sin aus presenzs e aus abiedors, que
cum discordia e contente fos entreus canonihes de madaune
Sencte Marie d'Auxs dune part, eu prior de la maison de Sencto-
renz d'Auxs eu combent de la dite maison dautre, sobre la demne
de Blezos, quels ditz canonihes tien per lor, el dit prior de Sentorenz el dit combent per lor. Si que las dites partides pel discord
e per la contente quin ere entre lor sobre lavant dite demne de
Blezos, per ben e per pads, eisems ab un arcord e ab une bolentad,
eligoron e establiron per arbitres B. de Calaved prior de Bivent,
en Fforz deu Costau archiprestre de Savanes. Las dites partides
autreiaron e prometoron aus ditz arbitres, que zo id faren ne diren
de la dite demne per judjament o per dit o per composition o per
simple bolentad nen diffiniren, nen ordearen, id ac tieren leiau-
mens, coservaren a bona fe per toz temps. Aizo prometoron soz

pee de c sols de morlas ; e si per abenture negue de las dites partides i eren rebells ne desobedient, a la partide obedient fosen dads dels ditz c sols. l. sols, eus autres l. sols aus ditz arbitres. Las dites partides autreiaron aquestes dites causes per toz temps a tier e prometoron que en contra no iren, en deron fianzes : S. Maeste, R. de Laroi, son pels ditz canonihes ; G. de Bug, En Arnaud Amels, pel dit prior de Sentorens, e pel dit combent. Voloron e autreiaron las dites partides plus que sils ditz arbitres nos poden arcordar en un dit ne une bolentad, que en la dite cause fos lo ters arbitre Guillem de Lurted caperan de Sent Lari, e autreiaron las dites partides al dit caperan que tot aitant quant ed dire ne fare ne pronuntiare de la dite cause, il ac tieren e ac servaren per toz temps. Hoc fuit (f° 44 v°) factum feria III ante festum Assumptionis beate Marie, anno Domini M° CC° L° nono.

Et en apres los ditz arbitres dus auzides las demanes e las positios e las peticios sobre la dite demne de las partides, e viz los estrumenz e los cartes e los testimonis, agoron conschl d'omes savis de clerecs e de laics, e ab autrei e ab bolentad de las dites partides, eisems ab un arcord, disoron lor dit e disoron per dit, quels ditz canonihes, el dit prior de Sentorenz el dit combent, aien e parchen toz temps la dite demne per mei, exceptad lo quart del archidiacne, e disoron per dit que si negue de las dites partides se fazen tort ne enjurie en la dite demne, quen fos amonestande en queride la partide quil tort agos e que ac adobas per cap de xv dies, e si no ac ave adobad al cap dels ditz xv dies, que fos toz temps, daqui evant, tote la dite demne de la partide qui la enjurie aure prese. E en testimoni d'aizo e quel dit aie tengude per toz temps cum de sobre es escriut, las dites partides si sen an carte dade e autreiade per a. b. c. partide, e ab lo saged deus ditz canonihes e deu dit prior e deu dit combent sagerade. Testimoni son d'aizo, J. de Besues abad de Zerefreiseu, R. G. archidacme de Pardiac, Arnaud G. archidiacme d'Angles, P. archidiacme deu Sompoi, maeste S. Rodger, Arnaud de la Tor canonici Auxitani, mo seior J. prior de Sentorenz d'Auxs, W. den Poi, Centod deu Brol, P. de Luian monachi, Martin caperan de Sencte Marie, W. Arnaud Dastrabol caperan de Sentorenz, J. Destrabol, S. de Duran, Forz Sos secrestan, G. de Picote. Ego Raimundus Sancii

Molier notarius Auxitanus qui hanc cartam scripsi, feria IIII ante festum beati Bartholomei apostoli, anno Domini M° CC° L° nono.

LXXVIII.

1268. — [DE ECCLESIA DE VICNAU.]

Géraud d'Arbessan, chevalier, avait donné au chapitre de Sainte-Marie d'Auch une rente annuelle de cinq sous morlas pour l'entretien d'une lampe dans le dortoir des chanoines. Odon d'Arbessan, chevalier, seigneur de l'Ile, du consentement de sa femme et de ses enfants, confirme cette donation, qui avait été assurée sur la dîme de l'église de Vicnau.

(F° 45 r°.) Notum sit omnibus tam presentibus quam futuris, quod cum G. de Arbeisano miles, bone memorie, contulerit v solidos morlanorum annuatim super decimam ecclesie de Bicnau capitulo Auxitano presenti et futuro, ad hoc ut semper arderet, de nocte, lampas in dormitorio canonicorum Auxitanorum; tandem vero post elapsum multorum annorum dominus Oddo de Arbeisano miles et dominus Insule de Arbeisano compunctus pietate et misericordia et confisus divini officii quod geritur in ecclesia Auxitana, de consilio uxoris sue et filiorum suorum et aliorum amicorum et proborum virorum, dedit et garpivit pro se et successoribus suis presentibus et futuris integraliter sine aliqua retentione, totam decimam dicte ecclesie de Bicnau cum juribus et pertinenciis suis; et si forte, quod absit, aliquis de suo genere dictam donationem infringere voluerit vel turbare, iram Dei omnipotentis incurat. Amen. Promisit insuper dictus Oddo pro se et heredibus suis, obligans bona sua mobilia et immobilia, quod de omni conquirente vel perturbatore in dicta decima omni tempore firmam faciet garentiam. Sane cum dominus Oddo de Camases miles, in suo ultimo testamento, pro redemptione anime sue et parentum suorum et ut particeps efficeretur omnium bonorum que fiunt in ecclesia Auxitana, contulerit casale quod dicitur Despifas cum terris cultis et incultis et pertinenciis suis capitulo ecclesie Auxitane, dictus dominus Oddo de Arbeisano miles, contulit quitavit et absolvit pro se et successoribus suis presentibus et futuris dominium et c   . alia jura que habebat vel (f° 45 v°) habere debebat in dicto casali Dezpifas, insuper laudavit et approbavit et ratam et firmam habuit predictam donationem quam dictus Oddo de Camases, miles, fecerat dicte ecclesie Auxitane. Hactum est hoc in claustro Auxitano presentibus de Capitulo, G. de Base sacrista, Johanne de Besues et U. de Thogei et B. de Panasac cellerarii et Arnaldo G. archidiacono d'Angles. Testes qui ad hoc vocati sunt, B. de Portis, Bonet de Pesquer, Bertrandus de Poiolin, Dominicus Molier. Ego Raimundus Sancii Molier publicus notarius Auxitanus qui hanc cartam scripsi. Hoc fuit factum, mense septembris feria IIII ante festum Sancti Michaelis, anno Domini M° CC° LX° octavo, regnante Loddovico rege Francorum, Domno Ispano, archiepiscopo Auxitano, Geraldo comite Fedenciaci et Armaniaci.

LXXVIIII.

1238. — DONATIO MOLENDINI DE JEGUNO.

Guillaume-Arnaud, seigneur de Biran et d'Ordan, fait donation à l'église Sainte-Marie d'Auch, et à Sainte-Candide de Jegun de la moitié du revenu du moulin de Jegun.

[Ne] gesta per oblivionis rubiginem possint in dubium revocari, et propterea ego [ego W] A. dominus de Birano et de Orzano, presentibus pariter et futuris volo fieri manifestum litteris presentibus, quod ad ammonitionem et preces G. sacriste Auxitane et archidiaconi Savanensis pro salute anime mee et parentum meorum, non coactus sed spontanea voluntate, pro me et successoribus meis dedi Deo et beate Marie Auxiensi et Sancte Candide virginis de Jegun, illam partem quam habebam, scilicet medietatem in molendino de Jegun cum omnibus juribus suis, quod est situm in aqua que vocatur vulgariter Lostera, prope viam que est inter ipsum molendinum et domum de Faurgas, cum ingressu et egressu, aquis, terris, sicuti decet habere molinum, perpetuo possidendam. Facta autem donatione, predictus G. sacrista et archidiachonus Savanensis, tunc possessor domus de Jegun, habens (f° 46 r°) Deum pre oculis, pensatis necessitatibus meis et devotione, xc solidos morlanorum dedit mihi. Nichilominus est pretermittendum quod predicta pars molendini erat prius pro LX solidis morlanorum ecclesie Sancte Candide pignori obligata. Actum est hoc, anno Domini M° CC° XXX° VIII°, juxta lapidem de Vico, in curia Fezenciaci, coram domno Amanevo, tunc existente Archiepiscopo, in cujus manibus consecratis ego predictus W. A. prestiti sacramentum. Si quis autem post me violare presumpserit, iram omnipotentis Dei incurrat, absorbeat eum terra sicut absorbuit Dathan et Abiron. Testes hujus rei fuerunt, M. archidiaconus Socensis, A. Oliver scriptor domni archiepiscopi, G. sacrista Auxitanus, Carbonneu d'Arrigapeu et R. A. d'Arcamont milites, Berlanda et alii multi. Et ut presens scriptum robur firmitatis obtineat, sigillo domni Amanei tunc temporis Archiepiscopi Auxitani et comitis Armaniaci et Fezenciaci presentem cartulam feci premuniri.

LXXX.

1264. — COMPROMISSIO FACTA INTER CAPITULUN AUXIS ET PRIOREM SANCTI ORIENCII AUXITANI.

Reproduction de la première partie de la charte inscrite sous le numéro LXVIIII.

LXXXI.

1256. — COMPOSITIO FACTA INTER CAPITULUM AUXIS ET BERNARDUM SANCTI ORIENCII, MILITIS SUPER DECIMAS DE PREYSAC.

(F° 48 r°.) *Reproduction de la charte inscrite sous le numéro XLII.*

LXXXII.

1258. — DECIMA DE GENENX.

Guillemine du Bosquet, femme de Pierre-Jean de Montlezun, bourgeois de Condom, tenant à titre de fief, du chapitre de Sainte-Marie d'Auch, le tiers de la dîme de l'église de Genenx, sise au diocèse d'Auch, fait donation de la susdite dîme à l'église et au chapitre de Sainte-Marie d'Auch.

(F° 48 v°.) Noverint universi hoc presens instrumentum publicum inspecturi, quod Na Guillelma del Bosquet uxor Petri

Johannis de Montlezun burgensis de Condomio, sua grata et libera voluntate, recognovit et concessit et in veritate confessa est quod ipsa habebat et tenebat in feodum ab ecclesia et capitulo beate Marie d'Auxs, terciam partem decime ecclesie de Genenes sitam in dyocesi Auxitana inter Montem regalem [1] ex parte una, et inter castrum de Lagrauled ex altera, de quo predicta decima dicta Na Guillems recognovit, quod debebat facere ecclesie et capitulo predictis annuatim in modios tritici de servitio; quod predictum feodum dicta Naguillems, non coacta, non decepta, nec vi, nec dolo, nec metu, sed sua mera et libera voluntate et proprio motu suo ad hoc inducta, cum voluntate et assensu predicti mariti sui et B. et Malliete de Montlezun filiorum suorum, cessit, quitavit, gurpivit, reliquit et perpetuo dezamparavit pro se et omnibus suis ecclesie et capitulo supradictis ad faciendum et complendum inde omnes suas plenarias voluntates; de quo predicto feodo dicta Na Guillems disvestivit se pro se et omnibus suis imperpetuum, et cum auctoritate hujus presentis publici instrumenti ipsa investivit ecclesiam et capitulum predictum et posuit inde in possessione pacifica et vera corporali possessione (f° 49 r°) pro cvii solidos morlanorum bonorum quos ipsa Na Guillems, recognovit et concessit se habuisse et recepisse ab ecclesia et capitulo supradictis integre et complete, in bona pecunia numerata, de qua fuit bene pacata plenius et contenta, et renuntiavit spontanea non coacta, exceptioni non numerate et non solute pecunie et exceptioni doli et facti et in suum commodum non converse : super quam dictam quitationem dicta Na Guillems et predictus maritus suus et eorumdem predicti filii promiserunt et concesserunt ecclesie et capitulo predictis, tactis corporaliter sacrosanctis Dei evangeliis, facere et portare bonam et firmam stipulationem in virtute prestiti juramenti, quod contra quitationem hujusmodi per se vel per aliam personam interpositam non venerint in futurum; immo renuntiaverunt, sponte sua, omni juri scripto et non scripto canonico et civili, divino, humano, tacito et expresso, generali et speciali, edito et edendo, minoris etatis beneficio et infra morem

[1] Les premiers travaux de la fondation de Montréal (Gers) dataient seulement de trois ans (1255).

mulierum introducto et omni rationi privilegio, foro, consuetudini et usui et omnibus aliis exceptionibus generalibus et specialibus et omnibus defensionibus per que possent unquam venire contra premissa vel aliud de premissis. Actum est hoc decima die kalendas Marcii. Testes sunt vocati et rogati, venerabilis pater domnus Augerius, Dei gratia, abbas Condomiensis, Guillelmus de Nerag claviger, A. de Paolhag operarius, G. de las Bozigas, camerarius, monachi ejusdem loci, Guillelmus de Latapia archipresbiter de Pardelhaes, B. de Lasborderes capellanus de Carlenes, et ego U. de Boyset communis notarius Condomiensis qui hanc cartam scripsi, anno Domini M° CC° L° VIII°, regnante Alfonso Tholosano comite, Augerio abbate Condomiensi.

FIN DU CARLULAIRE BLANC.

TABLE

ONOMASTIQUE ET GÉOGRAPHIQUE.

———

Les chiffres qui suivent les noms se rapportent aux numéros des chartes. —
Ceux qui sont suivis d'un astérique renvoient au cartulaire blanc.

———

A

A..., chanoine d'Auch, archidiacre de Savanes, 149.

A..., chanoine d'Auch, cellerier de Sainte-Marie, 52*.

A..., chanoine d'Auch, chantre de Sainte-Marie, 43*.

ABAD (Casalis DEL), 67*. Voir *Labat*.

ABADENCS (Baro D'), 114.

ABADENCS (Deus adjuva DE), 65, 71.

ABADENCS-ABADEN-BADEN (Fortaner DE), chanoine d'Auch et archidiacre, 69, 64*.

ABADIA (Fortaner DE), 134.

ABADIA (Guillaume DE), 12*.

ABADIA (Guillaume-Raymond DE), 135.

Abadia (Église de). Voir *Sainte-Marie de Abadia*.

ABIGOROS, 137. Voir *Bigoros*.

ABOZNAL, 10. Voir *Boznal*.

ACCOLARED, 11. Voir *Couralet*.

Acquitania, 41, 134.

ADALBERTUS, 47.

ADALMUR, 83. Voir *Azalmur*.

ADAM DE LANATIERA. Voir *Lanatiera*.

ADEIL, prêtre d'Aubiet, 81.

ADEIL (Guillaume), 155.

ADÉMARUS, fils d'Aner, 48.

ADILIUS, prêtre de Saint-Frajou, 47.

ADRAMOS. Voir *Dramos*.

ADURENSIS EPISCOPUS. Voir *Bonus homo*.

Adurensis (Sainte Quiterie). *Sainte Quiterie*.

AGENNENSIS EPISCOPUS. Voir *H... episcopus Agennensis*.

AGENNO (Frère Bertrand D'), cordelier de Condom, 65*.

AGGAUROCUS, cousin de Guillaume, comte d'Astarac, 41.

AGINNENSIS EPISCOPUS. Simon II, évêque d'Agen (1083-1101), 88.

AGNES, vicomtesse de Gabardan, 28.

AGNES FET (De Tudèle, Aragon). Voir *Fet*.

AGNES, femme de P. de Bona, 102.

AIRAP (R. W. D'). Voir *Dairap*.

AJANO (Guillaume), 62*.

AIMERICUS I, comte de Fezensac (1010-1035), 3, 53.

AIMERICUS II. Forton, comte de Fezensac (1063-1097), 3, 6, 7, 12, 23, 27, 39, 40, 45, 46, 58, 83, 134, 135, 160.

AIMERICUS, fils d'Oger, comte de Pardiac, 33.

AIMERICUS (De Tudèle, Aragon), 129.

AIBADUS, archevêque d'Auch, 1.

B

F

GALTER D'AUBIAN, 95.

Garaut (Église de). Voir *Saint-Orens de Garaut.*

Garsia (Gué de), sur l'Ausoue, à l'ouest de Vic-Fezensac, 138.

GARDED (G. DE), 138. Voir *Carded.*

GARDEDA (P. DE), 138.

GARLENCS (Bertrand DE), 137.

GARLENCS (Jourdain DE), 137, 141.

GARLENCS (P. DE), 137, 139.

Garlencs (Église de). Carlens dans la banlieue de Vic-Fezensac, au sud-ouest, 137.

GARSI-ANER, 29.

GARSIE Ier, archevêque d'Auch (982-1004), 1, 41.

GARSIE II DE LORD, archevêque d'Auch (1214-1126), 1, 137.

GARSIE-SANCHE LE COURBÉ, duc de Gascogne, 2, 160.

GARSIE, frère de Guillaume, comte d'Astarac, 41.

GARSIE-ARNAUD, comte d'Astarac, 5.

GARSIE-AMÉLIUS, frère d'Enard et de Raimond, comte de Comminges, 48.

GARSIE, sacristain de Sainte-Marie d'Auch, 57.

GARSIE, sacristain de Sainte-Marie et archidiacre de Savanès, 7*, 30*, 52*, 56*, 57*, 68*, 79*.

GARSIE, clerc, 32.

GARSIE, frère de G. Saraceni, 51.

GARSIE, 48.

GARSIE, prêtre de Maignaut, près Valence, 48*.

GARSIE, abbé de Mascaras, canton de Montesquiou, 33, 131.

GARSIE-ARNAUD, de l'ordre de Saint-Jacques de la Paix, 119.

GARSIE, prêtre de Genens, 29.

GARSIE-EIZ, prieur de Saint-Orens d'Auch, 58.

GARSION, 163.

GASAUT (Garsie DE), 52.

Gasaut (Terre et vigne de), près Auch, 10, 26, 101.

Gasax (Église Saint-Martin de), canton de Montesquiou, 66*.

Gasax ou *Gasaut*, terre au midi de Barran. Voir *Gasaut.*

Gasconia ou *Vasconia*, Gascogne, 77, 119, 134.

GASSIOLE, 10*.

GASTO, béarnensis. Gaston IV, vicomte de Béarn, 134.

GASTON, chevalier, cousin de Guillaume de Montaut, archevêque d'Auch, 44.

Gaubiran (Église de), entre Pessan et Saint-Christau, près Auch, 72.

GAUCELIN, chanoine d'Auch, 43*.

GAUCELNUS (Forton), 64.

GAUCOLANDUS, chanoine d'Auch, 148, 149.

Gaudion (Maison et jardin de), à Auch, sur les bords du Gers, 95, 99.

GAUDENTIUS (Fête de Saint-Gaudens), 52*.

GAUDOIS (Argaiad DE), 80.

GAUDONS ou GAUDOUS (Guillaume DE), chanoine d'Auch, 102, 129, 44*.

GAUZION, dame de Soubagnan, près l'Isle-de-Noé, 69.

GAUZION, religieuse du Brouil, 128.

Gavared (Honor ou fief de). Gavarret, canton de Fleurance, 38, 159.

GAVARRED (Hugues de Sainte-Christie dit DE), 39.

GAVARRED (Pierre, vicomte DE), 28.

GAVARRET (Pierre DE), 115.

GELAIS ou GELAS (R. B. et Guillaume DE), 102.

GELAS (W.-A. DE), seigneur de Bonas, canton de Jegun, 12*. La terre et l'église de Gelas, près Jegun.

Gelas (Dîme de), près Marambat, au nord de Vic-Fezensac, 65*.

GELASE II, pape (1118-1119), 165, 170, 172.

Genens (Église de), près Montréal, 29.

GENHAD (Arnaud), chanoine de Vic-Fezensac, 18*.

GENSOS, religieuse du Brouilh, 128, 62*.

GERALDE, sœur du viguier de Marambat, 134.

GERALDE, femme de Sapion de Valentès, 78.

GERAUD DE LABARTHE, archevêque d'Auch (1170-1190), 1, 79, 80, 102, 113, 62*, 63*, 68*.

N

RIGUEPEU (Carbonnel, seigneur DE), chevalier, 67*, 76*, 79*.

Riguepeu, canton de Vic-Fezensac, 142.

Ripagorça (Vallée de), en Aragon, 74.

RIUTORTO (Sanche DE), 57.

Rivustortus (Territoire de), près du Broul, 128.

Roquetaillade (Château de), près de Bayonne, 74.

ROCHIS (Guiraud DE), 74*.

ROIGERIUS DE LEVIACO. Voir *Leviaco*.

ROIGERIUS (Maître S.), chanoine d'Auch, 77*.

ROGERIUS, médecin d'Auch, 221, 26*.

ROGGERIUS, évêque de Comminges, 65.

Rome, la ville éternelle, 52, 56, 58, 119, 161.

Romaiac (Église de). N.-D. de la Rouiniac, près La Sauvetat, canton de Fleurance, 162.

Romanum (Monastère et église). Romans-Montier (Suisse), 171.

Roncerals ou *Roncevaux* (Vigne de l'hôpital de), en Aragon, 112, 61*.

ROQS (Arnaud DE), dit Belin, 34*.

ROQUELAURE (P. DE), clerc. 63*.

Roquelaure (Château de), canton d'Auch, 154, 51*.

Roquelaure (Église Saint-Pierre de), 154.

Rosers (Église de). Rozés, canton de Valence, 171.

ROSETA, mère de R. de Lissag, 114.

Rosso (Rivière de). L'Arros, rivière qui passe auprès de Plaisance et joint l'Adour à Tasque, 27.

ROTA (P. évêque DE). Rode, en Aragon, 74.

Rota, comté d'Aragon, 74.

RUBEA, femme de Boëmond, comte d'Astarac, 118.

Rufiaco (Église Saint-Pierre de). Rufiac, parsan au levant et près de Valence, 2*, 39*, 48*.

RUFE (W.-B. DE). 115.

S

SABALANA ou SAUBOLEU ou SABOLLES (A. DE), de la famille féodale de Saubolle, du comté de l'Isle-Jourdain, 155.

SABATERIUS (P.), 16*.

SACRABIA (Guillaume DE), 85.

SACRISTANIA (Deus adjuva DE), 65, 71.

SAERA (Ariesens DE), 102, même nom que Laera, Zaera, Caera, Capera et Capella.

SAERA (Armand DE), 91, 104, 108, 110.

SAERA (Bella DE), 108.

SAERA (Bera DE), 91, 104, 108.

SAERA (Enard DE), 91, 104.

SAERA (Forton DE), 108.

SAERA (Guillaume DE), 91, 108, 110.

SAERA (Salbeta DE), 91, 104, 108.

Saera (Ruisseau et terre de), près Auch, 108.

SAFORNAZ (Arnaud DE), 89.

SANCTO-ALBINO (Galarde DE), 41*.

Saint-Ancioele (Autel de), 94.

Saint-Agnan (Église de), près Valence, 68*.

Saint-Amand (Église de), canton d'Éauze, 17*.

SAINTE-ANNE (Pierre DE), espagnol, 53*.

Sainte-Anne (Église de), canton d'Auch-nord, 69*.

Sainte-Anne (Église et hôpital de), canton de Castelnau-Magnoac (Hautes-Pyrénées), 53*.

Saint-André d'Aucengs. Voir *Daucengs*.

Saint-André de Clarac (Église de), près de Roquelaure, canton d'Auch-nord, 50*.

Saint-André de Fremensan (Église de). Remensan, canton de Jegun, 63*.

Saint-André d'Arones (Église de), près Lavardens, canton de Jegun, 69*.

Saint-André de Lajite (Église de). Lahitte, canton d'Auch-nord, 69*.

T

U

Z

ERRATA

DU CARTULAIRE NOIR.

Page   4, ligne 27 : *au lieu de* charte XXXVIIII, *lisez* page 36, note 5.
—   4, ligne 29 : *au lieu de* Pompeiianus, *lisez* Pompidianus.
—   4, ligne 35 : *au lieu de* Aufronius, *lisez* Aufronius.
—   5, ligne 29 : *au lieu de* Audevie, *lisez* Auderie.
—   7, note : *au lieu de* Palta, *lisez* Falta.
—   7, note : *au lieu de* charte CLVIIII, *lisez* CLX.
—   7, note : *au lieu de* charte XXXIII, *lisez* charte XXXIV.
—   55, note : *au lieu de* 221, *lisez* charte LXVIIII du Cartulaire blanc.
—   58, note 2 : *au lieu de* charte XXII, *lisez* charte XIII.
—   60, note, lignes 3 et 27 : *au lieu de* charte CCXXII, *lisez* charte LXXVII.
—   60, note, ligne 52 : *au lieu de* Aossien, *lisez* Arssien.
—   61, note, ligne 4 : *au lieu de* Dornag, *lisez* Bornag.
—   61, note, ligne 11 : *au lieu de* charte XCV, *lisez* XCVI.
—   63, ligne 18 : *au lieu de* [1136], *lisez* [1155].
—   63, note 2 : *au lieu de* charte XCIV, *lisez* LXIV du Cartulaire blanc.
—   65, note 2 : *au lieu de* charte XCIV, *lisez* charte LXXI.
—   74, note 1 : *au lieu de* note 2 de la charte CVIIII, *lisez* note 1 de la p. 123.
—   80, note 3 : *au lieu de* XLIV, *lisez* XLV.
—   81, note 1 : *au lieu de* charte CLIX, *lisez* charte CLXI.
—   81, notes 3 et 4 : *au lieu de* charte CLIX, *lisez* charte CLXI.
—   82, note 1 : *au lieu de* charte CLIX, *lisez* charte CLXI.
—   91, note 1 : *au lieu de* charte XCIIII, *lisez* charte LXXI.
—   94, note 6 : *au lieu de* charte LXXXI, *lisez* charte LVIII.
—   95, note 2 : *au lieu de* Renevisco, *lisez* Benevisco.
—   99, ligne 18 : *au lieu de* [circa 1080], *lisez* [circa 1080].
—   112, notes 4 et 6 : *au lieu de* charte XLV, *lisez* charte XLVI.
—   121, note 1, ligne 5 : *au lieu de* Ca Capera, *lisez* Sa Capera.
—   137, note : *au lieu de* charte LXIIII, *lisez* XCII.
—   141, ligne 13 : *au lieu de* firmam, *lisez* sententiam.
—   144, ligne 15 : *au lieu de* talerunt, *lisez* tulerint.
—   150, note 2 : *au lieu de* charte XC, *lisez* charte XCII.
—   165, note 1 : *au lieu de* charte LXXVI, *lisez* charte LIII.
—   166, note, ligne 1 : *au lieu de* charte XXIX, *lisez* charte VI.
—   168, note 2 : *au lieu de* charte CXLV, qui est de 1220, *lisez* charte CXLIX, qui est de 1223.
—   180, note : *au lieu de* charte CXLIII, *lisez* charte CXLIV.

AUCH. — IMPRIMERIE LÉONCE COCHARAUX, RUE DE LORRAINE.

www.ingramcontent.com/pod-product-compliance
Lightning Source LLC
Chambersburg PA
CBHW050020100426
42739CB00011B/2731